Am Rande des Himmels, in Bartholomä, einem Luftkurort auf der Ostalb, liegt ein 250 Jahre altes Hofgut. Das ist das Reich der Scheunenwirtin Renate Lieb, das sie mit ihrem Mann Günther Saiger betreibt. Mit gutem Essen und »was im Glas«, das versteht sich von selbst.
Wie sie das macht, versteht sich gar nicht von selbst. Es ist schwäbische Küche auf eine fürsorgliche und konsequent nachhaltig ökologische Art – so fundamental und dabei weltoffen, dass man sie hypermodern und in mancher Hinsicht geradezu revolutionär nennen muss. Der Grundsatz der Scheunenwirtin lautet: von der Erde auf den Teller, so regional wie möglich. Zu ihrem Universum gehört nicht nur eine Küche, sondern viel mehr: die Bäckerei, die Werkstatt, die Wäscherei. Die Hühner gehören dazu, die Bienen, der Kräuter- und Gemüsegarten, die Bäume auf den Streuwiesen mit alten Obstsorten, Schafe und Wollschweine. Und die Gäste von nah und fern, die im Garten, zwischen den Hühnern, und in drei großen Sälen Hochzeiten, Geburtstage und andere Feste feiern.
In 80 Rezepten lüftet die Scheunenwirtin das Geheimnis ihrer einfach-raffinierten Küche und gibt Tipps für nachhaltiges Wirtschaften.

Renate Lieb in Bartholomä mit fünf Geschwistern, den Eltern und Großeltern aufgewachsen. Den Hof betreibt sie seit über 20 Jahren zusammen mit ihrem Mann in einer Großfamilienstruktur, in der alle ihren Platz finden. 2021 wurde sie als Bio-Spitzenköchin ausgezeichnet.

Ursula Heinzelmann hat elf Bücher veröffentlicht, zuletzt *Die neue albanische Küche. Mediterran, Modern, Mullixhiu. Die besten Rezepte des Bledar Kola*. Mit Renate Lieb hat sie viele Tage in deren Küche verbracht und ihre besten Rezepte aufgeschrieben.

Matthias Haupt ist immer auf Reisen, am wohlsten fühlt er sich unter Köchinnen und Köchen. So auch bei Renate Lieb und ihrem Team. Er hat für viele Kochbücher Tim Mälzers fotografiert und für Magazine wie *essen & trinken* und *stern* gearbeitet.

NACHHALTIG
AUTHENTISCH
REGIONAL

SCHEUNENWIRTIN

Bio-Spitzenküche von der Schwäbischen Alb

Text von Ursula Heinzelmann
Fotos von Matthias Haupt

INSEL

Inhalt

REZEPTE

Günther Saiger und Renate Lieb

DIE SCHEUNENWIRTIN

Ein hohes, helles Segeldach, von Baumstämmen gestützt, darunter lange, sonnengebleichte Holztische mit geflochtenen Stühlen, umgeben von breiten Rabatten mit Kräuterbüschen, Rosen, Stachelbeeren, Goldmelisse. Kinder im Sandkasten, die Eltern entspannt in sommerlichen Kleidern, Jeans, Turnschuhen. Drum herum glucken Hühner leise vor sich hin, im Schatten der Scheune döst der Hofhund. Weiße Leinenläufer und altes Silberbesteck, große schwarze Eisenpfannen voller Spiegeleier und bunte Limonaden aus den Blüten und Früchten des Gartens in langstieligen Gläsern. Warmes Brot und ein goldgelber Hefezopf neben Schalen mit Bärlauchbutter und Tomaten mit frischem Ziegenkäse, ein Potpourri an Düften.

Bartholomä, das Dorf am Rande des Himmels

Das ist die Scheunenwirtin beim Frühstück, gelassen und stilvoll. Am Abend zuvor wurde hier noch eine Hochzeit gefeiert. Jetzt findet man sich zu einem der typischen großen Familien- und Freundestreffen ein, in Bartholomä, hoch oben auf der Schwäbischen Alb. Bartholomä, sagen sie hier, das ist das Dorf am Rande des Himmels. Gut 50 Kilometer nördlich von Ulm liegt es 640 Meter hoch auf dem Karstrücken der Alb. Auf den kargen Äckern liegen vor allem Steine, die zeigen, dass das Leben hier bis weit ins letzte Jahrhundert ein mühsames war. Ein Dorf, fürwahr, das heute kaum noch einen eigenen Bäcker oder gar eine Gastwirtschaft bietet – aber unmittelbar am Fuße des dunkelgrün bewaldeten Bärenbergs tatsächlich ein Stück des Himmels birgt: die Scheunenwirtin.

Die Scheunenwirtin, das ist Renate Lieb, umtriebig, schwäbisch schwätzend und schnell mit vielen per du, gefühlsbetont und energisch, die dunklen Augen hinter der Brille immer wach und blitzend. Und es ist Günther Saiger, ein wenig ruhiger, aber nicht weniger unternehmungslustig und optimistisch. Die Scheunenwirtin, das ist aber auch das kleine Universum, eine Lebensphilosophie, die sie zusammen mit Familie und Freunden hier »am Rande des Himmels« seit über zwanzig Jahren schaffen. Ein alter Hof, dort, wo der Wald in Wiesen übergeht, immer wieder umgebaut, mit einer großen Scheune, in der es sich »hocken lässt«, gemütlich zusammensitzen, nicht nur zu Hochzeiten, sondern auch um Geburtstag zu feiern, oder was es an Anlässen im Leben so gibt. Mit gutem Essen und »was im Glas«, das versteht sich von selbst.

Von der Erde bis zum Teller

Wie das bei der Scheunenwirtin umgesetzt wird, das versteht sich hingegen keineswegs von selbst. Es ist schwäbische Küche auf eine so fundamentale und dabei weltoffene, fürsorgliche und konsequent nachhaltig-ökologische Art, dass man es hypermodern und in mancherlei Hinsicht geradezu revolutionär nennen muss – am Rande des Himmels, in der Tat. Denn die Grundphilosophie der Scheunenwirtin lautet: ökologisch von der Erde bis auf den Teller, und zwar so regional wie möglich, ohne den großen, weltweiten Kontext aus den Augen zu verlieren. Dabei ist die Küche der zentrale Punkt, das Herz, dessen lebhafter Pulsschlag zu so vielem drum herum führt, Menschen und Handwerk. Wie lässt sich das Leben nachhaltiger, besser, sinnvoller gestalten? »Es ist eine

Reise«, sagt Lieb, die von allen nur Renate genannt wird, »und die gelingt nur, wenn wir die Zusammenhänge sehen und sie verstehen wollen. Jeder Mensch hat eine Geschichte, und alles zusammen muss wie ein guter Cocktail sein, bitter und süß zugleich.«

Sie ist in Bartholomä unter der Obhut von Oma Luis aufgewachsen, während die Mutter – die heute von allen Oma Lore gerufen wird – die Felder versorgt hat. Hausarbeit, Kochen und Backen hat sie einfach »mitgelernt«, auf einem der für die Gegend typischen Generationenhöfe mit fünf Geschwistern, den Eltern und Großeltern, der Landwirtschaft mit Kühen, Bullen und Jungvieh im Stall, Schweinen und Hühnern, auf dem Acker die typischen Albanbauten Dinkel, Linsen und Kartoffeln. »Die Mutter«, erzählt sie, »die hat die größten Hänger auf den Zentimeter rückwärts ins Tor gefahren, und die Oma Luis hat jeden Tag für 15 Leut gekocht.« In ihrer Stimme klingt viel Anerkennung für die beiden Frauen mit. »Die Oma Luis hat mir gezeigt, wie man hinspüren, den Teig fühlen und sich davon leiten lassen muss. Sie hat im Garten geschaut, was reif ist – denn einen Garten gab es immer, das hat wie das Brotbacken einfach dazugehört.«

»Und dann hat sie drauflos gekocht. Es war die Kunst, aus nichts was zu machen, so dass alle satt werden.«

Bis heute wird bei der Scheunenwirtin mit dem gekocht, was da ist. Dass dabei viel mehr Menschen am Tisch sitzen, beruht letztendlich darauf, dass die Familie vor Jahren beschloss, Tiere und Landwirtschaft aufzugeben, um den Eltern noch ein paar schöne Jahre zu ermöglichen, in denen sie endlich Urlaub machen könnten, an den Bodensee oder gar ans richtige Meer fahren. Außerdem bauten sie um, machten aus dem großen Bauernhaus eine kleine Wohnung für die Eltern – um gleich beim nächsten Zusammentreffen festzustellen, dass es nun keinen großen Tisch mehr gab, an dem sie alle Platz hätten! Ganz zu schweigen von einer Küche mit dem gewohnten großen Ofenrohr, das die Braten und Brote für solche Anlässe aufnehmen könnte.

Daraufhin ging Renate zum Vater und bat ihn, die Scheune herzurichten, wo man auch den alten, großen Tisch untergestellt hatte. Das Ergebnis war »sehr hemdsärmelig, aber gemütlich und schön«, mit einem großen Holzbackofen. »So gab es wieder Platz für alle, man musste nur das große Scheunentor aufmachen.«

Nachbarn und Freunde gehörten bei diesen Familientreffen immer dazu, »und irgendwann kam jemand und fragte, ob er seinen Geburtstag nicht auch in der Scheune feiern könne, um die vierzig Leute ...«. Zehn Jahre lang ging das so, kulinarisch »nichts Besonderes, Fleisch, Salat, Brot«. Letzteres war wichtig, denn das Brotbacken war längst zu Renates besonderem Hobby geworden, und sie wollte die Leute auch ganz bewusst »runterholen von diesem Riesenüberfluss, der hier normalerwei-

se bei solchen Feierlichkeiten herrscht: Spätzle, Kroketten, Knödel, Pommes, und die Hälfte bleibt übrig! Brot ist wichtig.«

Frauen kochen anders

Bald kam Petra dazu, die Schwester. Ohne sie hätte sich die Scheunenwirtin nicht zum heutigen Erfolg entwickelt. Die beiden trugen das Geschirr zusammen, damit es reichte, und diese bunte Mischung setzt sich bis heute fort. Doch dann stand eines Tages der Bürgermeister da und meinte, das sei jetzt schon ein richtiges Gewerbe, sie bräuchten eine Konzession. So hieß es plötzlich zu entscheiden: richtig oder gar nicht? Keine Frage für die beiden Frauen: Der Hof sollte zu einem professionell geführten gastronomischen Betrieb werden, und das kam gut an. Renate hatte in dieser Zeit nicht nur den Betrieb organisiert, sondern auch zwei Kinder großgezogen. Schließlich war sie nicht umsonst bei Oma Luis in die Lehre gegangen. Bis heute fällt auf, wie viele charakterstarke Frauen bei oder für die Scheunenwirtin arbeiten, erst vor sieben Jahren kam der erste Mann in die Küche. »Frauen kochen anders«, betont Renate, »da stehen eher die Menschen im Mittelpunkt« – und das heißt hier immer: Gäste und Team.

Die Großfamilienstruktur schließt alle ein, die hier mitarbeiten, sei es in der Küche, im Service, in der Werkstatt oder in der Wäscherei, es ist ein Netz, das alle auffängt, ob Kinder oder Senioren.

Am Rande des Himmels ist es selbstverständlich, dass mittags zusammen gegessen wird, dann versammeln sich alle, die gerade auf dem Hof sind, an den großen Tischen.

Die alte Scheune hat sich kaum verändert in all den Jahren, nach wie vor gibt es in dem großen Saal keine Heizung, sondern nur den Backofen und zwei Bullerjanöfen. Auf den alten Holzdielen stehen die langen Tische, in einer Ecke eine kleine Theke – warum sollte man das neu machen? »Jedes gute Provisorium«, lächelt Renate, »hält ein ganzes Leben, wie die Kerzen, die in alten Weckgläsern von der Decke hängen, unser Kerzenhimmel.« Neben der Scheune haben sie längst auch den ehemaligen Kuhstall

für Veranstaltungen hergerichtet, dann wurde die Werkstatt von Grund auf neu gebaut. Wie beim Geschirr und Besteck mischt sich Altes mit Neuem.

Und wie in der Küche! »Am Anfang«, erzählt Renate mit einem kaum hörbaren Seufzer in der Stimme, »da haben die meisten die Scheunenwirtin mit Schweinebraten assoziiert. Ich hab mich da mühsam rausgekocht, denn ich möchte auch das kultivieren und einbringen, was ich auf meinen Reisen erleben und kennenlernen durfte, möchte es mit dem, was es hier gibt, verbinden und vor allem auch die jungen Menschen abholen.« Zusammen mit ihrem Team gelingt ihr das auf eine ungemein überzeugende Weise. Sie serviert zum Pfannenbrot Erbsen-Kokos-Dip und Blütenbutter und mariniert für Veganer Lupinen-Tempeh in Barbecue-Sauce, während auf den Tellern der Fleischesser die Wollschweinkeule die Kruste krachen lässt. Sie ermuntert Birte, die Konditorin, ihrer Fantasie freien Lauf zu lassen und nicht nur glutenfreie Hochzeitstorten ganz neuer Art zu schaffen, sondern auch Tahini-Brownies und Erdnuss-Cookies. Die Sonntagabend-Pizza, ein Hofritual nach einem langen, arbeitsintensiven Wochenende, ist aus Sauerteig, die Weihnachtsente duftet nach Kirschen, Schokolade und Chili – aber selbstverständlich gibt es auch Kässpätzle und Kartoffelsalat.

Rebellion statt Älbler-Tradition

Bei alldem gilt ein Grundprinzip: Bis auf wenige Ausnahmen muss einfach alles das Bio-Siegel tragen, will Renate wissen, wo etwas herkommt, wer die Menschen sind, die dahinterstecken. Ihre Entschlossenheit in dieser Hinsicht ist beeindruckend, und sie hat schon einige Produzenten zur Bio-Zertifizierung bewegt: »Sonst kann ich nicht mehr mit dir schaffen«, hat sie Winzern in Württemberg und im Elsass erklärt, aber auch dem Metzger Wittlinger in Steinheim. »Ich hab alles auf den Kopf gestellt«, sagt sie und hat dabei die für Neuerungen nicht unbedingt aufgeschlossenen Älbler-Traditionen im Sinn, »und ich fühle mich so wohl dabei. Kein Wunder, dass sie auch in den exklusiven Kreis der Bio-Spitzenköche aufgenommen wurde.

Die Scheunenwirtin lebt vor, wovon so viele nur reden, und ist deshalb auch ein Ort, an dem sich neue Energie fürs Leben tanken lässt. Die Gäste kommen hierher wie auf eine Insel, können alles fallen lassen, ganz sie selbst sein, ohne Erwartungsdruck. Der Funke soll überspringen, sagt Renate. Was zum Teil ganz wörtlich gemeint ist: Sauna und Hot Tub im Schwalbennest werden mit Holz geheizt. Das »Schwalbennest« war ein altes Haus hinterm Hof, das der Großvater einst verkauft hat. Renate hat es zurückgekauft, um es für die Mitarbeiter zu nutzen. Doch während früher alle aus der Scheune nach Hause laufen konnten, braucht es heute für beinahe alle Gäste Übernachtungsmöglichkeiten. Also wurde sukzessive weiter umgebaut und andere Häuser in der Nachbarschaft wurden übernommen, mit dem »KitzLein« auch ein kleiner Hof am anderen Dorfrand. Wie die Scheunenwirtin sind dies Wohlfühlorte, »nicht immer alles so gelackt«. An erster Stelle steht die Fürsorge für die Menschen, wer als Hochzeitsgast nicht morgens unterm Segeldach frühstückt, bekommt Brot und Saft, Marmelade und Butter am Abend vorher im Handwagen ins Quartier gebracht, »fürs Bademantelfrühstück«. Renate und Günther wissen, dass man gelegentlich einfach die Seele baumeln lassen muss: »Die Balance im Leben ist wichtig.«

Natur und Kultur, Tier und Mensch

Und genau die lässt sich bei der Scheunenwirtin wieder lernen. Sie verarbeitet alles, seien es Tiere oder Pflanzen, und kombiniert ihr Tun mit einem gesunden (älblerischen!) Pragmatismus: »Es muss einfach und ehrlich zugehen beim Kochen, und es hört nie auf, man kommt vom einen aufs andere.«

Sie verwertet immer das ganze Tier: »Der Bauer ruft mich an und sagt, ich hab da einen schlachtreifen Ochsen, kannst du den gebrauchen? Und der wird dann verarbeitet, bis er weg ist.« Hackfleisch macht sie grundsätzlich selbst – »die Kollegen lachen mich alle aus« – und lässt das Fleisch im eigenen Kühlhaus reifen, weil es für die Metzger nur Zeit, Platz und Geld kostet. Sie war selber noch bei Hausschlachtungen dabei, Onkel und Vetter waren Metzger. Da wurde geräuchert und gepökelt und die größeren Teile zum Reifen weggelegt, in großen Kisten. Eine dieser Kisten fand sie dann tatsächlich noch auf dem Dachboden und machte sich zusammen mit dem Metzger ans Ausprobieren. Und siehe da, es funktioniert, unter den schweren Deckeln reifen Keulen, Rücken, Schultern im eigenen Fleischsaft.

Ganz wichtig sind dabei die Limpurger Rinder, eine alte regionale Rasse. Diese Rückbesinnung auf die Vergangenheit ist keine Nostalgie, sondern ein längst überfälliges Austarieren zwischen Natur und Kultur, Tier und Mensch.

Wenn der Metzger ihr ein Duroc-Schwein schlachtet, dann lässt sie Schmalz aus, die nächste Feier darf sich auf zwei Grillstationen freuen, es gibt Leberknödel »und all die Klassiker«. Die klassische schwäbische Hochzeitssuppe mit all den Klößchen wird konsequent nur dann serviert, wenn sie Markknochen hat. Und was sie nachhaltig mit den ganzen Tieren praktiziert, gilt bei der Scheunenwirtin auch für Gemüse und Obst: möglichst alles verwerten. Aus Rhabarberschalen entsteht Sirup, mit Karottengrün experimentiert sie so lange, bis das Ergebnis wirklich schmeckt. Lagerhaltung großen Stils ist ihr ein Gräuel. »Chefin, wir brauchen einen größeren Froster«, das höre sie irgendwann von jedem neuen Koch. Nein, lautet die Antwort immer wieder, »denn je größer der ist, desto mehr wird hineingepackt, desto länger bleibt es drin«. Für sie stellt der Froster eher ein notwendiges Übel dar.

Überlasst das Hochzeitsmenü den Profis

All dies ist nur möglich, weil es bei der Scheunenwirtin für jeden – und das wirklich ohne Ausnahme – ein Überraschungsmenü gibt, auch bei den Hochzeiten. Die meisten sind erstmal baff, denken an Tante Annegret, die unbedingt Spätzle will, während Opa Otto auf Kroketten besteht – »ich sag ihnen dann, überlasst das den Profis, wir machen das seit über 20 Jahren und wissen, was gut ankommt«. Aber natürlich geht es auch und vor allem um das Nachhaltigkeitsprinzip. Weil sie genau weiß, wie viele Gäste kommen, kann sie exakt ordern und ausschließlich frische Lebensmittel verarbeiten, und nach dem Wochenende ist das Kühlhaus dann bis auf das Essen für die Mitarbeiter leer. »Und das funktioniert nur, weil ich immer kochen darf, was ich will!« Eine Wahl gibt es nur in Form der Optionen vegan, schwanger, glutenfrei, allergisch und Ähnlichem. Das Menü wird erst bekanntgegeben, wenn die Gäste bereits am Tisch sitzen, es steht auf der großen Tafel, die kurz vor dem Servieren enthüllt wird, »wenn Ruhe herrscht im Saal, und sie nicht mehr diskutieren können«. Dann funktioniert das bestens. »Allerdings«, sagt Renate, »liegt der Ball dann auch bei mir: Statt das von den Gästen Ausgewählte einfach nur gut zu kochen, brauchst du Initiative, Autorität und Mut, musst du die Waagschale halten zwischen Wirtschaftlichkeit und Nachhaltigkeit.«

Was generell gilt, und durch Günther Saigers umsichtige Arbeit im Büro sichergestellt wird. Auch er ist auf der Alb aufgewachsen, hat als Junge eine Banklehre absolviert, weil da das zuhause notorisch knappe Geld zu liegen schien. Ehrgeizig und hartnäckig folgten Studium und Stipendium in Kalifornien und schließlich das extreme Dasein eines erfolgreichen, international tätigen Unternehmensberaters und -prüfers. Bis er sich eines Tages seiner Wurzeln bewusst wurde und fortan nur noch nebenbei als Selbständiger in der Finanzbranche arbeitete, um mehr auf dem Hof und bei der Familie zu sein. Seine ruhige, besonnene Art ist ein entscheidender Teil des heutigen Scheunenwirtin-Erfolgs, er ist wagemutig, aber auch gewohnt, Situationen erst kritisch zu analysieren und dann nach Lösungen zu suchen.

»Wenn man immer alles hinbekommt«, sagt Günther »hat man seine Ziele zu niedrig gesteckt. Dies ist unsere Art zu leben, und dazu gehört so vieles, ein ganzes Netzwerk an Wissen.«

Genau dieses Netzwerk an Wissen möchte Renate Lieb teilen, mit uns allen, das ist die Grundidee dieses Buchs.

Das natürlich ein Kochbuch ist, mit einer Fülle richtig schmackiger, lustvoller Rezeptideen, sowohl für den Alltag als auch für besondere Momente, manche ganz schnell und unkompliziert umzusetzen, andere deutlich aufwändiger, für so richtige Festtage. Schwäbische Küche ins Moderne übersetzt.

Aber dieses Buch ist mehr als ein modernes schwäbisches Kochbuch: Es zeigt die Zusammenhänge. Zeigt, dass Gemüse irgendwo wachsen muss, dabei Pflege und Zuwendung braucht. Dass Karotten- und Radieschengrün nicht zwangsläufig in die Abfalltonne zu wandern braucht. Dass Blüten bestäubt werden müssen, damit Obst heranreifen kann, Bienen deshalb viel mehr als Honiglieferanten darstellen und unsere Hilfe benötigen. Dass Hühner nicht dafür geschaffen sind, in engen Ställen im Akkord Eier zu legen, und ein Lamm nicht nur aus Kotelett und Filet besteht.

Die Bedeutung dieses Netzwerks an Wissen, dieses Bewusstseins für die Zusammenhänge, ist keinesfalls auf Bartholomä und das Universum der Scheunenwirtin beschränkt, sondern betrifft uns alle, jeden Tag.

Und deshalb ist dieses Buch nicht nur ein Mutmach-, sondern auch ein Mitmachbuch, das uns in der Küche beim Kochen und am Tisch beim Essen begleitet, aber auch bei unseren täglichen Einkäufen, beim Spaziergehen im Wald genauso wie beim Gärtnern auf dem Balkon, damit wir uns immer wieder mit all den Dingen zwischen Himmel und Erde, die der Scheunenwirtin so wichtig sind, auseinandersetzen – und der Himmel überall ein kleines Stück näher rückt.

FRÜHLING

Radieschensuppe, von der Wurzel bis zum Blatt

So unscheinbar ein Radieschen anmutet, so fein lässt es sich in einer Suppe darstellen. Für dieses Gericht sollten die Radieschen möglichst frisch geerntet sein, mit viel Blattgrün (das im Übrigen auch einen sehr schönen Salat ergibt). Das Ergebnis sieht sehr gestylt aus, ist aber alles andere als Pinzettenküche oder Hexenwerk, die Radieschen sollten nur schön groß sein.

4 PORTIONEN | VEGETARISCH

1-2 Bund Radieschen	waschen, Wurzeln entfernen, Blattgrün abschneiden und beiseitelegen, Radieschen mit einem Sparschäler schälen, Schalen und Fleisch trennen
4 EL Öl	
Salz	Schalen und Grün mit jeweils 2 EL Öl getrennt mit dem Stabmixer zu einer Paste pürieren, abschmecken und beiseitestellen
1 Schalotte	schälen und fein würfeln
100 g Butter	glasig dünsten
3 EL Mehl	darüber stäuben und einrühren
500 ml Wasser	
100 ml trockener Weißwein	
(etwa Riesling)	die Mehlschwitze nach und nach ablöschen, unter Rühren aufkochen
200 ml Sahne	zugeben
Salz	
Pfeffer	
Muskatnuss, gerieben	würzen, Radieschenfleisch dazugeben, einmal zum Kochen bringen und mit dem Stabmixer pürieren, noch einmal abschmecken, wieder aufschäumen, anrichten und die beiden Pasten in die Suppe einziehen

Spargel mit weißer Bohnenkrem

Ein Gericht, das spontan aus dem entstanden ist, was an diesem Tag gerade da war: grüner Spargel und bereits gekochte weiße Bohnen. Statt der üblichen holländischen Sauce oder Flädle also etwas Neues: weiße Bohnen als Krem. Das ist noch dazu ein richtig vollwertiges Essen, da die Bohnen wichtige Eiweiße liefern, die satt, gesund und glücklich machen. Die Bohnen können ruhig ein, zwei Tage vorher gekocht werden, und ein Vorrat davon im Kühlschrank lässt sich im Alltag immer gut verwenden, etwa als Salat. Bei den Zitronen empfiehlt es sich, die Schale abzureiben, bevor man den Saft auspresst. Mit etwas Zucker oder Salz eignet sie sich gut zum Backen und Abschmecken.

4 BIS 6 PORTIONEN | VEGETARISCH | GLUTENFREI

375 g getrocknete weiße Bohnen ... in reichlich Wasser 12 Stunden einweichen, abgießen und mit frischem Wasser ca. 60 Minuten köcheln, dann abschütten
2 Knoblauchzehen ... schälen und fein würfeln
1 EL Butter ... Knoblauch in einer tiefen Pfanne leicht anschwitzen, gekochte Bohnen dazugeben
1 l Gemüsebrühe ... ablöschen, 15 Minuten köcheln

1 kg grüner Spargel ... waschen, untere Enden abschneiden
3 EL Butter ... Spargel in einer Pfanne bissfest und goldbraun anbraten
Salz
1 Zitrone, Saft
1 Prise Zucker ... abschmecken, beiseitestellen

100 ml Sahne ... zu den fertig geköchelten Bohnen geben und mit dem Kartoffelstampfer oder Pürierstab mixen, je nach gewünschter Konsistenz

Salz
Pfeffer ... abschmecken und zum Spargel servieren

Teigtäschchen mit Zitronenbutter und Zuckerschoten

Maultaschenteig lässt sich auch zu etwas kleineren »schickeren« Täschchen verarbeiten, und solch eine Aktion ist eine wunderbare Gelegenheit, um sich mit einer Freundin zu treffen und zusammen einen großen Schwung zu produzieren. Denn die Täschchen lassen sich bestens einfrieren: einfach nach dem Kochen kurz in Eiswasser abkühlen, abtropfen lassen, auf einem Blech ausbreiten und ab in den Tiefkühler. Und neben Zuckerschoten passt auch alles mögliche andere grüne Gemüse dazu.

4 BIS 6 PORTIONEN | VEGETARISCH

FÜR DIE TÄSCHCHEN

500 g Mehl Typ 405	
5 Eier	
1 EL Öl	
1 TL Salz	alle Zutaten zu einem mittelfesten Teig kneten, falls er klebt, etwas mehr Mehl zugeben, er muss sich reißen lassen, wenn er noch elastisch ist, ist er zu weich
etwas Öl	den Teig einreiben und abgedeckt bei Zimmertemperatur ruhen lassen
500 g Spinat	putzen, waschen und abtropfen lassen
1 Zwiebel	schälen und fein würfeln
1 EL Öl	Zwiebel glasig dünsten, Spinat zugeben und zusammenfallen lassen, wenn er etwas abgekühlt ist, mit dem Messer recht fein hacken
200 g Ricotta	abtropfen lassen bzw. leicht auspressen
50 g Bergkäse, gerieben	
50 g Semmelbrösel	
2 Eigelb	alles mit dem Spinat mischen
Salz	
Pfeffer	
Muskatnuss, gerieben	würzen
400 g Zuckerschoten	waschen und putzen, beiseitestellen

FÜR DIE SAUCE

200 g Butter	schmelzen
1 Zitrone, Saft und abgeriebene Schale	
Salz	unterrühren und würzen, beiseitestellen
Mehl	Arbeitsfläche bestäuben, Teig mit dem Nudelholz (oder der Nudelmaschine) etwa 2 mm dünn ausrollen, Kreise von 12 cm ∅ ausstechen und die Spinat-Käsemasse mit einem Löffel jeweils in die Mitte setzen
2 Eigelb	die Ränder der Kreise jeweils zur Hälfte mit Eigelb bestreichen, zur Hälfte zusammenklappen und gut festdrücken
reichlich siedendes Salzwasser	die Teigtäschchen gar ziehen lassen, aber nicht sprudelnd kochen, sonst zerfallen sie!
1 EL Öl	Zuckerschoten in der Pfanne anschwenken
Salz	würzen, Teigtäschchen damit anrichten, die Zitronenbutter darübergeben
50 g Parmesanspäne	darüberstreuen

Nudelkroketten

Dieses Gericht entstand aus Liebe zu Nudeln und Kroketten und eignet sich wunderbar als Hauptgang mit einer Tomatensoße, zu einem leichten Salat oder auch zu gekochtem Spargel und Ei. Eine perfekte neue Rolle für übrig gebliebene Nudeln!

4 BIS 6 PERSONEN | OPTIONAL VEGETARISCH

3 Zwiebeln	schälen und fein würfeln
40 g Butter	Zwiebeln in einer großen Pfanne glasig dünsten
200 g frische Champignons	putzen und in dünne Scheiben schneiden, kurz mitdünsten
Salz	würzen
100 g Bratwurstfülle (optional) *200 g gekochter Schinken* *(für die vegetarische Variante Räuchertofu)*	in Streifen schneiden
200 g Spinat	grob hacken, alles mit in die Pfanne geben
Salz *Pfeffer* *Muskatnuss, gerieben*	würzen und 10 Minuten dünsten
3 EL Mehl	darüberstäuben
125 ml Sahne	aufgießen, einmal kurz aufkochen lassen, vom Herd nehmen
500 g gekochte breite Nudeln *50 g geriebener Parmesan*	vorsichtig unterheben
4 Eigelb	ebenfalls untermischen und die Masse auf einer geölten, flachen Platte (3 cm hoch) glatt streichen, mit Butterbrotpapier abdecken und kalt stellen (ggf. über Nacht), dann in 5 × 2 cm breite Streifen schneiden.
100 g Mehl *2 Eier, aufgeschlagen* *100 g Semmelbrösel*	auf drei flachen Tellern bereitstellen und die Streifen darin nacheinander rollen, also panieren, so dass jede Krokette ringsherum umhüllt ist
Butterschmalz zum Ausbacken	in einer tiefen Pfanne erhitzen und die Kroketten schwimmend ausbacken, vor dem Servieren auf Küchenpapier kurz abtropfen lassen

Bärlauchbutter

An manchen Stellen ist der Waldboden im Frühjahr förmlich überzogen von den grünen, duftenden Blättern, und das Aroma beinahe zu intensiv. Man sagt den Bären nach, dass sie nach dem Winterschlaf Bärlauch fressen, um Kraft und Energie für den Neustart zu tanken.

4 BIS 6 PORTIONEN | VEGETARISCH | GLUTENFREI

1 großzügiges Bund Bärlauch	waschen, trocken tupfen und mit dem Messer hacken
250 g Süßrahmbutter, weich	Bärlauch unter die Butter rühren
Salz	abschmecken, in einer Schale anrichten oder in Papier einrollen, kalt stellen und dann in Scheiben schneiden, die ideale Steakbutter

Bärlauchpesto

Pesto lässt sich aus vielerlei Dingen herstellen. Auch frisches Grün wie z. B. Bärlauch lässt sich gut dafür verwenden. Im Handumdrehen steht ein schmackiges Essen auf dem Tisch. Ob Nudeln, Gemüse, Risotto oder einfach ein paar Scheiben geröstetes Brot: mit ein paar Löffeln duftendem Pesto wird daraus ein Fest.

4 BIS 6 PORTIONEN | VEGAN | GLUTENFREI

300 g Bärlauch	waschen, trocken tupfen und in Streifen schneiden
300 g Sonnenblumenkerne	in einer Pfanne ohne Öl einige Minuten anrösten, dann mit dem Bärlauch in einem hohen Rührbecher mit dem Stabmixer fein pürieren
360 ml Olivenöl	langsam unter Rühren dazugießen, so dass die Masse kremig wird
2 TL Hefeflocken	untermischen
Salz	
bunter Pfeffer	kräftig abschmecken, das Pesto in ein Glas füllen und nach Lust und Laune verbrauchen, es hält sich gekühlt einige Wochen

Dinkelnudeln mit Spargel, Bauernspeck und Bärlauch

Die Nudeln sind schnell fertig, wenn man ein bisschen geübt ist. Dinkel, sagt Renate, ist für uns auf dem Hof beinahe selbstverständlich, in Bartholomä wird er wie Kartoffeln und Linsen seit sehr langem angebaut. Und Bärlauch und Spargel gibt es im Frühjahr überall.

4 BIS 6 PORTIONEN | OPTIONAL VEGETARISCH

400 g Dinkelmehl Typ 630	
4 Eier	
1 TL Salz	zu einem stabilen Teig kneten und so lange mit den Händen bearbeiten, bis er nicht mehr bricht, in Klarsichtfolie einwickeln und etwa 30 Minuten bei Zimmertemperatur ruhen lassen
Dinkelmehl zum Ausrollen	den Teig vierteln und nacheinander auf einem Holzbrett mit dem Nudelholz (oder mit der Nudelmaschine) 3 mm dünn ausrollen, dabei immer wieder mit Mehl bestäuben, dann aufrollen und mit einem großen Messer in 5 mm dicke Scheiben schneiden, mit Mehl bestäuben und mit den Händen zu Nudeln auflockern
1 Bund Bärlauch	waschen, trocken tupfen und in Streifen schneiden
6 EL Olivenöl	
Salz	mit dem Stabmixer zu einer sämigen Paste mixen
8 Stangen weißer Spargel	schälen
8 Stangen grüner Spargel	bei beiden Sorten untere Enden abschneiden, Spitzen fingerlang abschneiden und den Rest schräg in Scheiben schneiden
2 Schalotten	schälen und in feine Spalten schneiden
1 Knoblauchzehe	schälen und fein würfeln
8 getrocknete, eingelegte Tomaten	
100 g Bauernspeck	beides in Streifen schneiden (für die vegetarische Version mehr Tomaten verwenden)
2 EL Olivenöl	Speck und Schalotten anschwitzen, Spargelscheiben zugeben und durchschwenken, dann Spargelspitzen, Tomaten und Knoblauch zugeben
½ Zitrone, abgeriebene Schale	
1 TL brauner Zucker	
Salz	würzen
reichlich kochendes Salzwasser	die Nudeln 4 Minuten kochen und direkt aus dem Wasser zum Gemüse geben – eventuell auch etwas Nudelwasser, das macht das Gericht saftiger –, anrichten und die Bärlauchpaste darauf verteilen

Plunderhörnchen mit Bärlauch

Was die Natur uns schenkt, sollte mit Bedacht und Umsicht verarbeitet werden. Trotzdem ist das richtige Maß wichtig: Wenn der Bärlauch reichlich sprießt, sollte man es nicht übertreiben und zu viel davon nehmen, sonst schmeckt es im Ergebnis aufdringlich, lieber die restlichen Blätter zu Pesto verarbeiten. Plunderteig mit Butter kann man gut selber machen, es ist nicht besonders kompliziert und lohnt sich geschmacklich allemal. Der Teig lässt sich natürlich auch mit anderen Füllungen verarbeiten.

4 BIS 6 PERSONEN | VEGETARISCH

FÜR DEN PLUNDERTEIG

500 g Mehl .... in eine Rührschüssel geben
1 Würfel frische Hefe .... daraufbröckeln
10 g Zucker
250 ml Milch
50 g weiche Butter
1 Ei .... zugeben und alles mit den Knethaken des Handrührgeräts kurz auf niedrigster, dann auf höchster Stufe 5 Minuten zu einem glatten Teig verarbeiten, 5 Minuten ruhen lassen, dann auf leicht bemehlter Arbeitsfläche noch einmal kurz durchkneten und zu einem Rechteck (40 × 25 cm) ausrollen
250 g kalte Butter .... in Scheiben schneiden und eine Hälfte der Teigplatte damit belegen, dabei rundherum am Rand etwa einen halben Zentimeter frei lassen, die andere Teighälfte darüberklappen und an den Rändern andrücken. Dann die Platte wieder zu einem Rechteck (40 × 25 cm) ausrollen, von den kürzeren Seiten so zur Mitte klappen, dass die Teigkanten aneinanderstoßen, und diese beiden Seiten zusammenklappen, dabei entstehen vier Teiglagen. Zugedeckt 20 Minuten kühl stellen.

FÜR DIE FÜLLUNG

4 Bund Bärlauch .... waschen und in Streifen schneiden
100 g weiche Butter
2 TL Salz .... im Mixer zu einer homogenen Masse mischen
100 g Ziegenfrischkäse
(oder Feta) .... unterheben, Ofen auf 180 °C vorheizen. Den Teig wieder auf 40 × 25 cm ausrollen, in 12 Rechtecke schneiden und diese in jeweils zwei lange Dreiecke. Die Bärlauchmasse jeweils auf deren breite Seite streichen, von dort zu Hörnchen aufrollen, auf ein Blech setzen – 15 Minuten gehen lassen und die Hörnchen 15-20 Minuten goldbraun backen – sie schmecken lauwarm besonders gut – und lassen sich auch bestens einfrieren!

Spinat und Käse im Knusperbett

Spinat: das erste knackige Gemüse, das im Frühling wieder so richtig die Lust auf frische Küche weckt! Die grünen Blätter sind absolute Multitalente und obendrein auch noch unglaublich gesund. Zusammen mit dem Käse wird daraus ein wunderbares Knusperbett, zum Anbeißen gut.

FÜR EINE 12ER-MUFFINFORM | VEGETARISCH

1 EL Butter	die Mulden einer 12er-Muffinform einfetten, Ofen auf 180 °C vorheizen
2 Rollen fertiger Blätterteig	ausrollen, etwa 9 cm große Kreise ausstechen und die Mulden auslegen
500 g Spinat	waschen, putzen und grob hacken
1 Zwiebel	schälen und fein würfeln
1 EL Öl	in einer großen Pfanne erhitzen, die Zwiebel andünsten, dann den Spinat zugeben und zusammenfallen lassen
Salz *Pfeffer* *Muskatnuss, gerieben*	würzen, vom Herd nehmen und abkühlen lassen
2 Eier	verquirlen, unter den Spinat mischen und die Spinatmasse in die Förmchen verteilen
200 g Ziegenfrischkäse oder Feta	in 12 Stücke teilen und in den Spinat drücken
100 g Parmesan, gerieben	darüber verteilen und 15 Minuten backen, warm servieren

Gartenbratlinge auf Roter Bete

Ein ganz hervorragendes Rezept, wenn Hummus oder Bratkartoffeln sowieso schon auf dem Wochenplan standen. Dann geht alles ziemlich schnell, und trotzdem kommt keine Langeweile auf!

4 BIS 6 PORTIONEN | VEGAN | GLUTENFREI

FÜR DIE BRATLINGE

150 g getrocknete Kichererbsen (300g gekocht) .... über Nacht in kaltem Wasser einweichen, Wasser abgießen und in frischem Wasser ohne Salz ca. 1 ½ Stunden weich kochen, abgießen und im Mixer grob zerkleinern

300 g Kartoffeln (festkochend) .... in der Schale gekocht (am besten vom Vortag), schälen, grob zerstampfen, mit den Kichererbsen mischen

2 EL Hefeflocken
10 EL Haferflocken, glutenfrei
8 EL Speisestärke
1 EL Backpulver .... zur Mischung geben, verrühren

200 g junger Spinat (oder anderes Grünzeug, das gerade wächst) .... grob hacken

3 Zwiebeln .... fein würfeln

2 Bund glatte Petersilie .... putzen, waschen, Blätter grob hacken

6 EL Öl .... alles in einer Pfanne glasig andünsten, zur Masse geben

3 EL Senf
6 EL Olivenöl
Salz
Pfeffer
1 Prise Zucker .... mischen und ebenfalls unter die Masse ziehen, die nun homogen sein sollte, zu 5 cm großen Kugeln formen, in einer beschichteten Pfanne sanft anbraten, auf ein Blech setzen und im Ofen bei 180 °C ca. 15 Minuten fertig backen

FÜR DIE BETE

1 TL Zitronensaft
2 Zitronen, abgeriebene Schale
5 EL Olivenöl
1 TL Ahornsirup (oder Honig)
1 TL Senf
Salz .... mischen

5 Knollen Rote Bete (oder auch andere) .... schälen, die Hälfte in dünne Scheiben schneiden, mit der Marinade bepinseln und die Bratlinge darauf setzen, die andere Hälfte raspeln, mit der restlichen Marinade mischen und dazu servieren

HÜHNER HALTEN

»Manchmal kommen Gäste zu uns«, erzählt Günther schmunzelnd, »und sagen ganz aufgeregt, habt ihr gesehen, eure Hühner sind ausgebrochen!« Doch genau so sieht das Hühnerleben auf dem Hof der Scheunenwirtin aus. Die Tiere können sich den ganzen Tag über vollkommen frei bewegen, scharren und picken, Sandbäder nehmen, im Schatten der Obstbäume dösen. »Wir wollten unbedingt alte Rassen halten«, erklärt er weiter, »weil es Zweinutzungshühner sind.« Im Gegensatz zu modernen Rassen oder gar Hybridhühnern sind diese auch als Zwiehühner bezeichneten Rassen nicht ausschließlich auf Fleischansetzen oder Eierlegen gezüchtet. Für die Scheunenwirtin aber noch wichtiger: sie finden sich instinktiv ins Gluckendasein und bauen Nester, meist im Frühsommer, wenn es wärmer wird, um Eier auszubrüten und dann die Küken aufzuziehen. Das bedeutet allerdings, dass sie insgesamt weniger Eier legen und für die Industrie weniger rentabel sind – weshalb dieser natürliche Instinkt ebenso weggezüchtet wurde wie die Fähigkeit, sich ihre Nahrung selbst zu suchen. Doch genau so haben Hühner jahrtausendelang mit den Menschen gelebt.

Für die erste Generation der glücklichen Hühner der Scheunenwirtin hat Günther in der Steiermark Eier von alten Rassen gekauft und sie in einem Brutapparat im Büro ausgebrütet. 21 Tage lang herrschten dort nicht nur die richtige Temperatur von 37,5 °C und eine Luftfeuchtigkeit von etwa 50 Prozent, sondern die Eier werden auch, wie sonst von der Glucke, regelmäßig gewendet, damit die Keimzelle und die heranwachsenden Küken nicht an der Eierschale kleben bleiben. Noch bevor die Eier aufbrechen, hört man das Piepen der Küken, die sich auf einen möglichst einheitlichen Moment des Schlüpfens verständigen, denn die Glucke

verlässt das Nest mit ihrem Nachwuchs, sobald das flauschige Gefieder der Küken abgetrocknet ist – auf Nachzügler wird nicht gewartet!

Aus etwa der Hälfte der Eier im Büro wuchsen dann auch tatsächlich Hühner heran, fanden sich auf dem Hof zurecht, pickten sich ihre Nahrung allein und bauten Nester. Der Urinstinkt war noch vorhanden! Sie suchten sich versteckte Ecken, etwa unterm Rosenbusch, oder auf einem Regal im Holzlager, brüteten 21 Tage lang und zogen dann ihre Küken auf. Heute leben bei der Scheunenwirtin gluckende, gackernde, krähende gefiederte Zweibeiner der Rassen Augsburger, Lavender Araucana, Seidenhühner, Sulmtaler, Ostfriesische Goldmöwe, Dominikaner und Struppi, um nur einige zu nennen.

Dabei, sagt Günther, gilt es bei dieser naturnahen Haltung ein paar Punkte zu beachten. Der Garten muss eingezäunt werden, denn Hühner lieben Setzlinge, und vor allem all das junge Grün in den Frühbeeten. Und natürlich sind da auch noch die Füchse, weshalb die Hühnerställe abends zugemacht werden müssen, sonst gibt es über Nacht ein furchtbares Gemetzel. Bei der Scheunenwirtin ist dafür Oma Lore zuständig, die die Hühner auch morgens wieder hinauslässt. Dann laufen sie zum Wald hinauf, streifen durch die Blumenbeete, die Wiesen und den Kräutergarten. Dieser Auslauf und das Futter, das sie selbst suchen, sind das Wichtigste, hat Günther gelernt. Das Ergebnis sind Eier von einer ganz außerordentlichen Qualität, wie sie sonst wirklich schwer aufzutreiben sind.

»Doch wenn wir nicht aufpassen«, schickt er sofort hinterher, »dann gibt es solche Hühner bald nicht mehr.« Das Geheimnis des Erfolgs der Scheunenwirtin besteht darin, der Natur wieder zu einem größeren Teil die Regie zu überlassen. Jetzt hoffen sie auf die Baugenehmigung für neue Hühnerställe beim KitzLein-Hof, wo es ausreichend Fläche dafür gibt.

»Wir schlachten unsere Hühner selbst«, sagt Günther, »und haben auch da einiges lernen müssen.« Fängt man die Tiere am helllichten Tag, ist das für alle Beteiligten, Tiere und Menschen, »Stress pur und echter Terror«. Deshalb geht Günther vor Morgengrauen mit Rotlicht in den Stall. »Dann lassen sie sich ganz sanft von der Stange holen. Wir arbeiten immer zu zweit und schleudern die Tiere ein paar Mal an den Beinen im Kreis. Dann sind sie so benommen, als hätten sie zwei Joints geraucht und merken das Beil kaum.« Danach lässt man sie ausbluten, bis sie aufhören zu zucken. Schließlich heißt es: Rupfen. Von Hand! »Das ist echt Arbeit, und wer es einmal gemacht hat, diskutiert nicht mehr über den Preis, den man für so ein Huhn bezahlen muss.«

Maultaschen vom Bruderhahn

Eierlegende weibliche Hennen haben natürlicherweise Brüder, und wer Eier schätzt, sollte auch diese männlichen Tiere konsumieren, die sonst im schlimmsten Fall als Küken einfach entsorgt werden. Da diese Bruderhähne aber nicht aus Fleisch-, sondern eben Legerassen stammen, stecken sie voller Überraschungen: der eine Vogel eignet sich als Brathähnchen, der andere eher zum Ragout und manche sind so zäh, dass man sie besser zu einer Suppe kocht. Maultaschen sind die Alternative »für alle Fälle«, sie schmecken geröstet, geschmälzt oder in Brühe, und die lässt sich wiederum aus den Bruderhahnknochen zubereiten.

4 BIS 6 PORTIONEN

500 g Mehl Typ 405	
5 Eier	
1 EL Öl	
1 TL Salz	zu einem mittelfesten Teig kneten, falls er klebt, etwas mehr Mehl zugeben, er muss sich reißen lassen, wenn er noch elastisch ist, ist er zu weich
etwas Öl	den Teig einreiben und abgedeckt bei Zimmertemperatur ruhen lassen
2 altbackene Brötchen	
100 ml Milch	Milch erhitzen und über die Brötchen geben, gut einweichen lassen
1 -1,5 kg Bruderhahn	
(ca. 500 g Fleisch mit Haut)	unter kaltem Wasser abwaschen, trocken tupfen, Fleisch von den Knochen schneiden, dabei möglichst viele Sehnen entfernen
5 getrocknete, eingelegte	
Tomaten	zusammen mit Fleisch und Haut durch einen Fleischwolf lassen oder im Mixer fein hacken
2 Schalotten	schälen und fein würfeln
50 g Butter	Schalotten glasig dünsten
1 Bund Petersilie	waschen, trocknen und Blätter fein hacken
1 Ei	zusammen mit Brötchen, Schalotten und Petersilie zum Fleisch geben, alles gut durchkneten
Salz	
Pfeffer	würzen
1 Eigelb	
1 EL Wasser	für die Eistreiche verquirlen

Mehl	Arbeitsfläche bestäuben, Teig mit dem Nudelholz (oder der Nudelmaschine) etwa 2 mm dünn ausrollen. Die Teigbahnen sollten etwa 15 cm breit sein, ggf. mit dem Messer zurechtschneiden, die Fleischmasse der Länge nach auf zwei Drittel davon aufstreichen, das letzte Drittel mit Eistreiche bepinseln und die Teigbahn verkleben. Diese Nudelwurst nochmals mit Mehl bestäuben und mit einem Tellerrand oder dem Stiel eines Holzlöffels Maultaschen abdrücken, mit dem Messer oder Teigrad an den Druckstellen auseinanderschneiden
reichlich siedendes Salzwasser	Maultaschen garen, bis sie aufsteigen

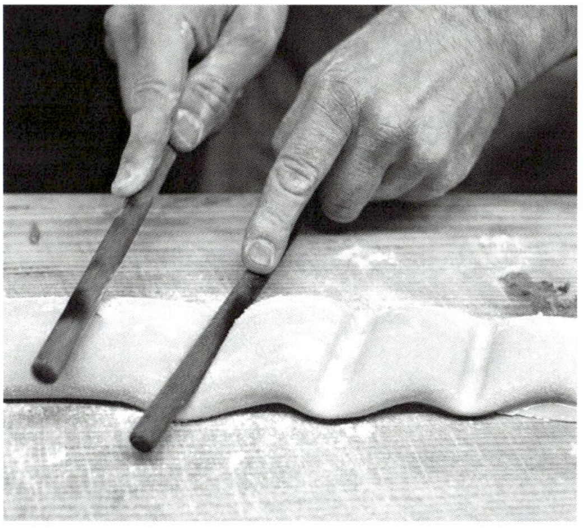

Salat – gezupft und gepflückt

Dies ist wohl das einfachste Rezept in diesem Buch. Je nach Saison lässt es sich mit unterschiedlichen Zutaten variieren. Ob aus dem eigenen Garten oder vom Gemüsestand auf dem Markt: Im Frühling sprießt Löwenzahn, im Sommer Postelein und im Winter gibt es Spinat. Einfach kreativ sein! Das Schöne ist, dass diese Salate immer wieder nachwachsen, weil man nur die einzelnen Blätter abzupft beziehungsweise pflückt. Wer vor lauter Begeisterung zu viel Salat nach Hause gebracht hat: mit Sonnenblumenöl pürieren, in ein Weckglas abfüllen, im Kühlschrank lagern und beim nächsten Salat einfach einen Esslöffel als Basis für das Dressing verwenden. Das bringt nochmal eine Extraportion natürliches Aroma.

4 BIS 6 PORTIONEN | VEGAN | GLUTENFREI

250 g Zupfsalate nach Saison .... waschen, putzen und in der Schleuder trocknen – mit dem Wasser die eigenen Pflanzen gießen!

1 EL Apfelessig
2 EL Öl nach Wahl
1 Prise Salz
1 TL Ahornsirup (oder Honig)
1 TL Senf
frische Kräuter
(oder 1 EL »Salatpüree«) .... alles mixen, über den Salat geben und sorgfältig vermengen
Blüten nach Jahreszeit darüberstreuen

Gebranntes Dinkel-Muas mit karamellisiertem Rhabarber und Schnee

»Muasmehl« bestand ursprünglich aus Mais. Es ist ein richtiger Arme-Leute-Brei, der auch »schwarzer Brei« genannt und süß oder salzig zubereitet wird. »Bei uns«, sagt Renate, »gab es ihn immer als Süßspeise am Freitagmittag nach der Suppe, damit auch am fleischlosen Tag alle satt wurden. Heute machen wir ihn ein bisschen ›schicker‹ – und mit Beeren schmeckt er auch ganz toll.« Aus dem gekochten Muas lassen sich auch Kekse backen, einfach noch handwarm in Klarsichtfolie zu einer Rolle formen, erkalten lassen und in 1 cm dicke Scheiben schneiden. Die setzt man auf ein Blech, bestreut sie mit Zucker und bäckt sie 10 Minuten bei 180 °C.

4 PORTIONEN | VEGETARISCH

2 Stangen Rhabarber .... waschen, schälen und in 10 cm lange Stücke schneiden
200 ml Wasser
200 g Zucker
1 Vanilleschote, der Länge nach halbiert .... Rhabarberschalen damit aufkochen, 15 Minuten ziehen lassen und den Sud durch ein Sieb gießen
1 Scheibe Zitrone .... mit den Rhabarberstücken zum Sud geben, bei schwacher Hitze gar ziehen lassen, beiseitestellen

200 g Dinkelmuasmehl .... in eine Schüssel geben
200 ml kochendes Wasser
1 Prise Salz .... zum Muasmehl gießen, zugedeckt mindestens eine Stunde quellen lassen
100 g Butter .... in einer Pfanne schmelzen, Muasmehl zugeben, die Temperatur erhöhen und das Muasmehl unter ständigem Rühren wie einen Brandteig abbrennen, bis er locker wirkt
50 g Zucker .... zugeben und weiter rühren, wenn der Zucker karamellisiert, ist das Muas fertig
2 Eiweiß
30 g Zucker .... steif schlagen, Rhabarber und Muas anrichten, den Eischnee in Nocken ringsum setzen und mit dem Flambierbrenner bräunen – alternativ auf ein Blech mit Backpapier setzen und den Backofengrill nutzen

Rhabarber-Eis-Soufflé

Rhabarber und Waldmeister, die gehören einfach zusammen, denn wenn am Waldrand alles voll von sternförmigem zartem Grün ist, stehen im Garten die roten Stangen bereit – ein wahres Farb- und Aromenspiel! Eis-Soufflés lassen sich hervorragend vorbereiten, man muss sie dann nur rechtzeitig zum Antauen aus dem Tiefkühler nehmen.

6 PORTIONEN | VEGETARISCH | GLUTENFREI

500 g Rhabarber	waschen, schälen und in 2 cm lange Stücke schneiden
100 ml Wasser	
50 g Zucker	
150 g Himbeeren (frisch oder TK)	mit dem Rhabarber aufkochen, 5 Minuten köcheln, dann abkühlen lassen
2 EL Orangenlikör	nach Belieben zugeben
150 g weiße Kuvertüre	hacken und im Wasserbad bei schwacher Hitze schmelzen lassen
4 Eigelb	
1 Ei	
30 g Zucker	in einer Schüssel im Wasserbad mit den Quirlen des Handrührgeräts sehr schaumig schlagen, flüssige Kuvertüre unterrühren und die Krem vollständig abkühlen lassen, währenddessen aus Butterbrotpapier sechs 6 × 30 cm große Streifen schneiden und so in Förmchen oder Kaffeetassen setzen, dass sie 4 cm überstehen
250 ml Sahne	steif schlagen und mit dem Rhabarber behutsam unter die Eikrem heben, die Masse gleichmäßig auf die Förmchen verteilen, mindestens 4 Stunden tiefkühlen, 20 Minuten vor dem Servieren zum Antauen in den Kühlschrank stellen, dann die Papierstreifen abziehen
Waldmeisterblüten	nach Belieben verzieren

Waldmeisterbowle

Es gibt kaum etwas, das die Frühlingsstimmung besser einfängt als ein Glas duftende, leuchtende, perlende Waldmeisterbowle! Dabei ist es wichtig, den Waldmeister noch vor der Blüte zu sammeln. Das erste Jahr ist das schwierigste, weil man ihn suchen muss, in den Folgejahren kann man dann einfach immer zur gleichen Stelle zurückkehren.

FÜR CA. 15 GLÄSER, ALS APERITIF ODER ZUM DESSERT | VEGAN | GLUTENFREI

1 kleiner Eimer Waldmeister (Volumen ca. 2 l)	im Wald sammeln, Blätter von den Stängeln zupfen (Stängel entsorgen) und über Nacht im Kühlen anwelken lassen
100 ml Wasser	
100 g Zucker	aufkochen und Zucker vollständig auflösen, beiseitestellen
1 Flasche trockener Weißwein	in eine schöne Glasbowlenschale gießen, die welken Waldmeisterblätter zufügen, für ein tolles Aroma am besten einen halben Tag oder sogar einen ganzen Tag kühl ziehen lassen, danach die Blätter entfernen
1 Zitrone in Scheiben	½ Stunde vor dem Servieren mit dem abgekühlten Zuckerwasser zum Wein-Waldmeistergemisch geben
2 Flaschen Crémant	unmittelbar vor dem Servieren zugeben

Rhabarber-Galette

Eine sehr einfache Kuchenform, die sich mit vielen anderen Früchten variieren lässt. Schmeckt lauwarm am besten, und natürlich passt ein Löffel frisch geschlagene Sahne wunderbar dazu …

VEGETARISCH

FÜR DEN MÜRBTEIG
150 g weiche Butter
100 g Rohrzucker
1 Messerspitze Vanille
1 Ei
125 g Dinkelmehl Typ 630
125 g Dinkelvollkornmehl .... alles gut vermengen und abgedeckt mindestens 1 Stunde kalt stellen

FÜR DIE FÜLLUNG
8 eher dünne Rhabarberstangen ... waschen, schälen und in 8 cm lange Stücke schneiden
½ Zitrone, Saft und Schale
2 EL Kokosblütenzucker
2 EL Rohrzucker
1 EL Kartoffelstärke .... alles mit dem Rhabarber mischen und 15 Minuten ziehen lassen, Ofen auf 180 °C vorheizen. Mürbteig auf einer leicht bemehlten Arbeitsfläche 30 cm rund ausrollen und auf ein mit Backpapier ausgelegtes Blech legen, Rhabarber darauf im Schachbrettmuster anordnen (Flüssigkeit aufheben!), dabei 3 cm Rand frei lassen und über den Rhabarber klappen
1 Eigelb .... den Rand bestreichen
50 g Mandelblättchen .... auf den Rand streuen, die Flüssigkeit über dem Rhabarber verteilen und die Galette 30 bis 40 Minuten goldgelb backen

Apfelrose und Rhabarber im Sahne-Himmel

Wie so viele der wunderschönen, ungewöhnlichen Torten, die Birte für die Brautpaare, Geburtstagskinder und Jubilare der Scheunenwirtin zaubert, ist auch diese aus der Fülle des Gartens vor der Backstube entstanden. Die Apfelrose allein ist mit einem Tupfer Schlagsahne schon ein Genuss, doch dann lachten da die blühenden Apfelzweige, und der Rhabarber ... und schon schwebten die Äpfel im siebten Himmel.

FÜR EINE HOHE TORTE VON 17 CM Ø | VEGETARISCH

FÜR DEN BLÄTTERTEIG

	(alternativ 550 g fertiger Butterblätterteig)
75 g Butter, weich	
250 g Mehl Typ 550	
¼ TL Salz	in der Küchenmaschine mit dem Knethaken mischen
100 ml Wasser, lauwarm	zugeben und kneten, bis der Teig geschmeidig, glänzend und weich ist, zu einer Kugel formen und in Klarsichtfolie 1 Stunde im Kühlschrank ruhen lassen
Mehl zum Bestäuben	Teig bestäuben und mit dem Rollholz auf 23 × 23 cm ausrollen
125 g Butter, kalt, flachgedrückt	in die Mitte der Teigplatte legen und den Teig von allen Seiten darüberschlagen, so dass die Butter ganz umschlossen ist, die Enden gut andrücken, dieses Teigpäckchen auf 20 × 40 cm ausrollen, dabei immer wieder drehen, mit Mehl bestäuben und wenden, das überschüssige Mehl abstreichen und den Teig dreifach übereinanderschlagen. Den gefalteten Teig in Frischhaltefolie 30 Minuten im Kühlschrank ruhen lassen. Diesen Vorgang – ausrollen, dreifach einschlagen, ruhen lassen – noch viermal wiederholen und den Teig nach der letzten Tour nochmals kalt ruhen lassen

FÜR DIE APFELROSE

600 ml Wasser	
½ Zitrone, Saft	erhitzen
5 rote säuerliche Äpfel	waschen, halbieren, Kerngehäuse ausschneiden, in 1 bis 2 mm dünne Scheiben schneiden und im heißen Wasser kurz aufkochen, dann sofort in ein Sieb abgießen und abkühlen lassen, den Backofen auf 180 °C vorheizen
kalten Blätterteig	mit dem Rollholz auf 50 × 40 cm ausrollen, in 6 gleich breite Streifen schneiden

2 EL passierte Aprikosen-konfitüre	Teigstreifen damit dünn bestreichen, Apfelscheiben überlappend mit der Schale nach oben bis zur Hälfte der Teigstreifen verteilen, die andere Seite der Streifen darüberschlagen, auf einem mit Backpapier ausgelegten Blech die Streifen in einem gefetteten Tortenring (17 cm ∅) spiralförmig zur Rose aneinandersetzen und ca. 30 Minuten backen, gut abkühlen lassen

FÜR DIE TORTENBÖDEN

Den Backofen auf 180 °C Grad Ober- und Unterhitze vorheizen. Auf backblechgroßen Bögen Backpapier insgesamt 9 Kreise von 17 cm ∅ markieren

10 Eier	
250 g Zucker	stark schaumig schlagen
250 g Mehl, gesiebt	mit einem Gummischaber behutsam unterheben, die Masse mit der Winkelpalette auf dem Papier zu 9 Kreisen verstreichen und nacheinander 7 bis 9 Minuten goldbraun backen, gut abkühlen lassen

SAHNEFÜLLUNG UND AUFBAU

100 g Rhabarber	
1 Apfel	schälen, kleinschneiden und zum Kompott weich kochen
80 g Kokosblütenzucker	
1 EL Speisestärke	
1 geh. TL Agar-Agar	mit etwas Saft vom Kompott glatt rühren, mit dem Kompott mischen und zum Kochen bringen, bis die Masse andickt, vom Herd nehmen und unter ständigem Rühren 5 bis 10 Minuten abkühlen lassen
200 g Quark	
80 g Rohrzucker	mit dem Kompott mischen
500 ml Sahne	steif schlagen, unter die Masse heben

Einen der Tortenböden in einen Ring von 17 cm ∅ legen, mit etwas Rhabarber-Apfel-Sahne bestreichen, den nächsten Boden darauf setzen und das Ganze so oft wiederholen, bis der letzte gebackene Boden den Abschluss bildet, die Torte mindestens 2 Stunden kaltstellen. Erst dann die Torte aus dem Ring lösen.

200 ml Sahne	steif schlagen, auf der Torte verteilen und mit einer Palette alle Seiten glatt streichen, dann die Blätterteigrose daraufsetzen
Apfelzweige oder -blüten	den Rand nach Belieben dekorieren
Puderzucker	nach Belieben bestäuben

SOMMER

Schwäbische Bruschetta

Bruschetta ist im italienischen Original nichts weiter als eine geröstete Scheibe Brot vom Vortag. Mit Knoblauch eingerieben, mit Olivenöl beträufelt und einer Prise Salz in der Pfanne geröstet, wird daraus ein kleines Festessen. Zur klassischen Variante gehören Tomaten, hier tritt reichlich Spinat an deren Stelle.

4 BIS 6 PORTIONEN | VEGAN

4 bis 6 Scheiben helles Brot vom Vortag
2 Knoblauchzehen, halbiert .... Brot damit einreiben
2 EL Olivenöl .... darüberträufeln
Salz .... würzen und in einer heißen Pfanne oder unter dem Grill goldbraun rösten
500 g Spinat .... waschen und abtropfen lassen
1 Zwiebel .... schälen und fein würfeln
1 EL Speiseöl .... in einer großen Pfanne glasig dünsten, Spinat zugeben und zusammenfallen lassen
Salz
Pfeffer
Muskatnuss, gerieben .... abschmecken, auf den gerösteten Weißbrotscheiben verteilen und genießen

BROT AUS DEM HOLZOFEN

Die Schwäbische Alb ist ohne Brot undenkbar. Es kommt zum Frühstück und zum abendlichen Vesper auf den Tisch und gehört mittags auch zu einer warmen Mahlzeit. Selbst wenn Menschen aus dem Norden der Republik der Ansicht sind, dass mit Spätzle, Knöpfle oder Kartoffelsalat der Kohlenhydratanteil auf dem Teller bereits mehr als reichlich abgedeckt ist. Darüber hinaus gibt es unzählige Rezepte, in denen Brot weiterverarbeitet wird, mit der Suppe, zu Knödeln oder Süßem.

Auch die Scheunenwirtin ist ohne Brot undenkbar. Fragt man Renate nach ihrer Grundphilosophie, dann antwortet sie bis heute, ohne zu zögern: »Der Funke muss überspringen«, und meint damit im wahrsten Sinne des Wortes die offenen Flammen, die Fleisch und Gemüse garen, die Sauna im Schwalbennest anfeuern – und den Ofen zum Brotbacken aufheizen.

Früher hatte jedes Dorf einen gemeinsamen Ofen, das Backhäusle von Bartholomä liegt direkt dem Schwalbennest gegenüber auf der anderen Straßenseite. »Da bin ich noch mit der Oma Luis zum Backen gegangen«, erinnert sich Renate. »Die Frauen haben Streichhölzer gezogen, um die Backtermine auszulosen, jede hätte am Montagmorgen gern als Erste gebacken, das war am einfachsten für den restlichen Tagesablauf.« So hat sie das Grundwissen beim Helfen gelernt, den Teig gesehen, gerochen, gefühlt, und das Brotbacken wurde für sie zum Leitgedanken des Hofes.

Heute ist vor allem Marius Pacurar für die Öfen und das Brotbacken zuständig. Der gebürtige Rumäne kam vor zehn Jahren auf den Hof. Eigentlich ist er Automechaniker, hat sich aber wie die meisten Mitarbeiter auf dem Hof zum Allrounder entwickelt. Am Anfang hat er Oma Lore und ihrem Mann beim

Brotbacken geholfen, dann dem Brotexperten Lutz Geißler assistiert, als der hier Kurse gab. Dessen Credo, so wenig Hefe wie möglich, hat er mit der Zeit voll und ganz zu seinem eigenen gemacht. »Sauerteig selbst ansetzen«, sagt er, »ist so einfach! Gutes Brot braucht nur Zeit, je langsamer der Teig geht, desto besser.« Im Sommer, wenn es warm ist, sind es nur 12 Stunden vom ersten Ansatz bis zum Schieben, im Winter allerdings 16, dann werden die Laibe richtig schön, »idealerweise stellt man sie vor dem Schieben auch kurz kühl«.

Er setzt den Sauerteig alle drei Monate neu an und mischt dafür am ersten Tag 100 g Mehl mit 100 ml Wasser und lässt das bei Zimmertemperatur stehen. Am zweiten und dritten Tag arbeitet er noch einmal je 100 g Mehl und 100 ml Wasser darunter, bewahrt ihn dann im Kühlschrank auf und »füttert« ihn jede Woche mit Mehl und Wasser.

Er verarbeitet Weizen, Roggen und Dinkel, probiert die verschiedensten Rezepte aus, natürlich auch die Rezepte von Lutz Geißler, und passt sie den Scheunenwirtin-Bedingungen an. Wenn er keine Zeit zum Anheizen oder nur eine kleinere Menge zu backen hat, benutzt auch er einen elektrischen Steinbackofen, »aber natürlich schmecken die Brote anders«.

Die Holzbacköfen haben nur eine Kammer, die gut 30 Brote fasst. Sie muss mehrere Stunden vor dem Backen (zweieinhalb im Sommer, im Winter dauert es länger) mit Reisig und großen Holzscheiten angeheizt werden. Die richtige Temperatur ist dann erreicht, wenn ein Stück Zeitungspapier innerhalb von fünf Sekunden dunkelbraun wird. Dann räumt er die Asche mit einem Schieber aus und wischt die Kammer mit einem feuchten Lappen sauber, bevor die Brote nacheinander aus den Gärkörben auf den langen Holzschieber gestürzt und auf die heiße Steinplatte des

Ofens geschoben werden. Wenn sie fertig sind, klingen sie hohl und sind im Inneren 96 bis 97 °C heiß. Frisch aus dem Ofen, ist ihr Duft schier unwiderstehlich.

Die Scheunenwirtin-Klassiker sind das Bartholomäusbrot aus Weizen und Roggen und das Bauernbrot aus Roggenvollkorn, Weizen und gekochten Kartoffeln. Die Kartoffeln sind kein Ersatz für Getreide - schließlich sind Kartoffeln in der Albküche mindestens so wichtig wie das Brot. Man denke nur an den allgegenwärtigen Kartoffelsalat. »Wenn du morgens Kartoffeln kochst«, sagt Oma Lore, »dann hast du schon mal was.« Nein, die gekochten Kartoffeln im Brotteig sorgen schon seit Backhäusle-Zeiten dafür, dass das Brot weniger schnell austrocknet (einen ähnlichen Effekt erreicht man mit geriebenem altem Brot). Es bleibt länger frisch, und das war wichtig, als man nur einmal in der Woche oder noch seltener gebacken hat.

Bartholomäus-Brot

Ein echter Hammer, sagt Renate: ein Brot, das problemlos acht bis zehn Tage im Kühlschrank aufbewahrt werden kann ... wenn's nicht vorher schon längst verschwunden ist! Schmeckt ganz frisch gebacken einfach spitze, nur mit Olivenöl und Salz oder nochmals aufgebacken oder in Scheiben getoastet. Und mit Blütenbutter (siehe Seite 91) wird daraus ein richtiges Fest.

FÜR EIN BROT | VEGAN

Zeitfahrplan: Die wichtigste Zutat beim Brotbacken ist Zeit, also Geduld.
Die zweitwichtigste Zutat: beste Bio-Qualität, eine Selbstverständlichkeit bei der Scheunenwirtin:
»Unser Körper dankt es uns, wenn er gutes Futter bekommt.«

EIN BEISPIEL

1. TAG

11 h .... Vorteig ansetzen, 6 Stunden Gare
17 h .... Hauptteig kneten, 2 bis 3 Stunden Gare (bis sich das Volumen verdoppelt hat)
19-20 h .... Falten, mind. 12 Stunden Gare im Kühlschrank

2. TAG

8h .... Formen, 4 bis 6 Stunden Gare
12-14 h .... 1 Stunde Gare im Kühlschrank
14-15 h .... Einschneiden und 1 Stunde backen
15-16 h .... Duftendes, köstliches, frisches Brot!

FÜR DEN VORTEIG

150 g Weizen Typ 1050
150 g Wasser
2,5 g frische Hefe .... in einer Schüssel mischen, mit einem Tuch abdecken und 6 Stunden bei Raumtemperatur gehen lassen

FÜR DAS SALZWASSER

17,5 g Salz
100 ml Wasser .... in einer Schüssel mischen, bis das Salz aufgelöst ist, und beiseitestellen

FÜR DEN HAUPTTEIG

300 ml Wasser	
2,5 g Hefe	Hefe auflösen
400 g Weizen Typ 812	
100 g Roggen Typ 1150	in einer Schüssel mit dem Hefe-Wasser und dem Vorteig vermengen, 10 Minuten mit beiden Händen kneten, dann ein Drittel des Salzwassers zugeben und weitere 2 Minuten kneten. So weiter verfahren, bis das Salzwasser vollständig untergeknetet ist. Den Teig in einer leicht bemehlten großen Schüssel 2 Stunden gehen lassen, bis sich das Volumen verdoppelt hat. Danach mit nassen Händen aus der Schüssel heben und zusammenfalten, zurücklegen, und das dreimal wiederholen. Dann den Teig 30 Minuten bei Raumtemperatur ruhen lassen, abdecken und über Nacht in den Kühlschrank stellen. Am nächsten Morgen ein Gärkörbchen (oder eine Schüssel) mit Mehl ausstäuben. Den Teig vorsichtig aus der Schüssel nehmen, auf einer bemehlten Arbeitsfläche von allen vier Seiten nach innen falten und mit der unteren, bemehlten Seite nach unten in das Gärkörbchen legen. 4 bis 6 Stunden gehen lassen, bis sich das Volumen verdoppelt hat. Nun nochmals für eine gute Stunde in den Kühlschrank stellen. Den Ofen auf 240 °C vorheizen. Das Brot auf ein Blech stürzen, rautenförmig einschneiden und im heißen Ofen 60 Minuten backen. Dabei nach 10 Minuten die Temperatur auf 200 °C reduzieren. Während der ersten 30 Minuten eine große Tasse warmes Wasser in den Ofen stellen.

Brotsalat

Eine großartige Verwertung von Brot, das schon ein bisschen altbacken ist. Es müssen nicht immer Tomaten sein, auch grünes Gemüse, eigentlich was man gerade hat, schmeckt sehr gut, denn die wichtigste Zutat ist ein gutes Brot – und ein schmackiges Dressing.

4 PORTIONEN | VEGETARISCH

4 Scheiben Weißbrot	in Würfel schneiden
1 Knoblauchzehe, gepresst	
Öl	in einer Pfanne rösten, auf Küchenpapier abtropfen lassen, beiseitestellen
50 g Shiraz (violette) Kaiserschoten	
50 g Zuckerschoten	waschen und putzen
1 EL Öl	in der Pfanne kurz anschwenken
150 g roter Spinat	waschen und trocknen, mit Kaiserschoten und Brot mischen und anrichten
30 ml Öl	
50 ml weißer Balsamico	
1 EL Honig	
1 TL Salz	
1 rote Zwiebel, fein gewürfelt	zum Dressing mischen, über dem Salat verteilen
1 milde Peperoni in Scheiben	
½ Bund Schnittlauch in Röllchen	
50 g Parmesanspäne	darüberstreuen

Siebenkräutersuppe

Wenn im Kräutergarten der Scheunenwirtin das junge, zarte und doch kräftige Grün schon von weitem duftet, wenn also der Frühling in den Sommer übergeht, dann ist die Zeit für diese Suppe gekommen – die nicht nur Siebenkräuter-, sondern auch Siebenkräftesuppe heißen könnte.

4 BIS 6 PORTIONEN | VEGETARISCH | GLUTENFREI

100 g mehlige Kartoffeln	schälen, in mittelgroße Stücke schneiden
1 Knoblauchzehe *2 Zwiebeln*	schälen und grob hacken
1 EL Sonnenblumenöl	in einem Topf erhitzen und alles bei mittlerer Hitze 5 Minuten anschwitzen
600 ml Gemüsebrühe *100 ml Weißwein*	ablöschen und 25 Minuten mit Deckel leise köcheln lassen
150 g gemischte Kräuter, wie Brunnenkresse, Borretsch, Petersilie, Pimpinelle, Dill, Kerbel, Brennnessel, Liebstöckel (oder andere, sie müssen nur saftig sein und nicht hart wie etwa Thymian) *150 g junger Spinat*	waschen, grob hacken, zur Suppe geben und 3 Minuten mitköcheln
200 ml Sahne *2 EL Kartoffelstärke*	verrühren, zur Suppe geben, einmal aufkochen, dann vom Herd nehmen und die Suppe mit einem Pürierstab fein pürieren
1 Spritzer Zitronensaft *Salz* *Pfeffer* *Muskatnuss, gerieben*	abschmecken

Sommerliche Gemüsesuppe

Gemüsesuppe im Sommer? Natürlich, denn eine Gemüsesuppe hält sich nicht an Jahreszeiten. Während wir im Winter einen heißen Eintopf lieben, darf die Suppe im Sommer auch lauwarm oder kalt sein.

4 BIS 6 PORTIONEN | VEGAN | GLUTENFREI

3 Karotten	schälen und in Scheiben schneiden
2 Kohlrabi	schälen und in Stücke schneiden
1 Handvoll Stangenbohnen	waschen, putzen und klein schneiden
1 Gurke	waschen, halbieren und in Scheiben schneiden
1 Zucchini	waschen und in Scheiben schneiden
1 Handvoll Zuckerschoten	waschen, putzen und halbieren
10 Cherrytomaten	halbieren
1 Handvoll Spinat	waschen und grob hacken
2 Zwiebeln	schälen und würfeln
2 EL Öl	Zwiebel in einem Topf glasig dünsten, Karotten zugeben und kurz mitdünsten
1 Liter Wasser	zugießen und zum Köcheln bringen, dann ein Gemüse nach dem anderen dazutun, die zarteren am Schluss, damit sie nicht verkochen, dabei eventuell mehr Wasser zugeben, so dass alles gerade bedeckt ist
Salz *Pfeffer*	würzen, anrichten
Basilikumblätter *Koriandergrün*	großzügig über die Suppe streuen

Gratinierte Meerrettich-Zucchini

Das ist eine sehr schöne Vorspeise, wenn man Gäste hat, sagt Renate. Die Zucchini lassen sich gut vorbereiten und während des Aperitifs in den Ofen schieben. »Anfangs hatte ich Lachs in der Füllung, dann kamen Vegetarier, und ich habe gemerkt, dass Quark, Dill und Meerrettich genauso gut schmecken, jetzt mache ich das für alle so.«

4 PORTIONEN | VEGETARISCH | GLUTENFREI

200 g Kartoffeln
(vorwiegend festkochend) .... waschen, schälen und in Salzwasser weich kochen, durch die Kartoffelpresse drücken und ausdampfen lassen

30 g Schmand
30 g Quark
2 EL Meerrettich, frisch gerieben oder aus dem Glas
2 Eigelb
50 g weiche Butter .... mischen

2 nicht zu große Zucchini .... der Länge nach halbieren, das Innere mit den Kernen mit einem Löffel herausschaben und mit dem Messer hacken
½ Bund Dill .... fein schneiden, zusammen mit der Schmandmasse mit dem Zucchini-Inneren und den Kartoffeln mischen

Salz
Pfeffer
Muskatnuss, gerieben .... abschmecken, die Zucchini leicht salzen und die Füllung mit einem Spritzbeutel (oder einem Löffel) darauf verteilen, auf ein Backblech setzen und bei 200 °C 20 Minuten im Ofen goldgelb backen

Überbackene Kräuterflädle

Flädle sind im Schwäbischen dünn ausgebackene kleine Pfann- oder Eierkuchen: »Halt net an Flade, sondrn nur a Flädle.« Die Flädle schmecken auch gut mit ein paar gehackten Kräutern im Teig und sind in dünnen Streifen eine prima Suppeneinlage, also gleich ein paar mehr davon backen! Dazu passt Wildkräutersalat.

4 BIS 6 PORTIONEN | VEGETARISCH

500 ml Milch	
250 g Mehl Typ 405	
50 ml Öl	
1 TL Salz	zu einem glatten Teig verrühren
4 Eier	untermischen
Öl zum Ausbacken	wenig Öl in der Pfanne erhitzen und aus dem Teig dünne Flädle backen, dabei einmal wenden, am einfachsten geht das in einer Teflonpfanne und indem man die Pfanne kreisartig schwenkt, um den Teig verlaufen zu lassen
200 g Bergkäse, gerieben	Flädle zusammenfalten oder aufrollen und in einer Auflaufform mit dem Käse bestreuen, im Ofen bei 180 °C 10 Minuten gratinieren

IM GARTEN

Direkt gegenüber von dem großen Tor mit dem Schild »Warenannahme« wachsen Tomaten in einer langen Reihe unter einem Glasdach, leuchten rote Mangoldbüschel neben spanischem Spinat und einer Vielzahl von Kräutern. »Permakultur ermöglicht uns«, erklärt Günther, »kurze Wege zur Küche, und das ersetzt wiederum Kühlhäuser für die Lagerung.« Und grundsätzlich wird sowieso nur das verarbeitet und serviert, was gerade Saison hat.

Der Garten steht auf einem Nachbargrundstück, das sie vor zwei Jahren gekauft haben, damit es nicht bebaut wird. Auch hier gilt Günthers Prinzip: »Wir starten immer erst mal und sehen dann weiter. Wissen muss im Team aufgebaut werden, das braucht Zeit. Jeder hat seine eigene Meinung, es gibt nicht den einen Experten. Aber das hat auch seine Grenzen, wir müssen uns alle auf eine Leitidee einigen. Im Moment lernen wir gerade, andere Arbeit liegen zu lassen und stattdessen zu ernten! Der Garten entwickelt sich mit uns ...«

Hier ist immer etwas am Blühen, anderes bereit zum Ernten, hier gibt es keine Monokultur, die für eine einmalige Schwemme sorgt. »Der Garten ist wie ein gedeckter Tisch, nicht nur für uns, sondern für eine Fülle von Insekten – und das nützt wiederum all den Vögeln, die sich von ihnen ernähren.« Wieder zeigt sich deutlich, wie wichtig diese Zusammenhänge im Universum der Scheunenwirtin sind.

Die vielen verschiedenen Pflanzen ergänzen sich untereinander und halten sich gegenseitig Schädlinge vom Leibe. So kann

man auf chemische Mittel verzichten, die nicht nur einzelne Schädlinge, sondern immer auch andere Lebewesen töten und außerdem in die Nahrungskette gelangen.

Das bunt gemischte Beet hat Marius, der Bäcker, von Grund auf angelegt, gewissermaßen auf der grünen Wiese. Dieses erste Experimentierbeet ist in zwölf Felder unterteilt, in denen die Pflanzenfolge über sechs Jahre rotiert, so dass sich Wurzelschädlinge gar nicht erst einnisten können. Die Felder bestehen aus jeweils drei Beetreihen und folgen einem bestimmten Aussaatplan. »Allerdings«, sagt Günther, »gibt es da nicht nur die Mondphasen zu berücksichtigen, sondern auch die Witterung.«

Das Beet wird mit Pappe ausgelegt, so kann aufs Umgraben verzichtet werden. Die Beikräuter werden dadurch in ihrem Wuchs unterdrückt, gleichzeitig bleibt das gesamte Bodenleben mit allen seinen Nützlingen erhalten. Marius hat auf den Beeten Humus verteilt und die Wege mit Hackschnitzeln von Obstgehölzen abgedeckt. Erdarbeiten werden am besten vor dem Winter erledigt, damit der Boden anschließend gut durchfrieren kann.

Als Umrandung hat Marius große Altbalken genutzt, die bei den Umbauten auf dem Hof angefallen sind. Wo immer es geht, werden vorhandene Materialien kreativ eingesetzt. »Upcycling statt in den Baumarkt zu rennen«, sagt Günther.

Der Garten, der wegen der freilaufenden Hühner eingezäunt ist, hat eine Fläche von insgesamt 1600 Quadratmetern. Es gibt dort nicht nur das Beet mit den Pflanzen. Denn in der Permakultur wird in unterschiedlichen Zonen gedacht, und eine davon überlässt man ganz bewusst und vollständig der Wildnis. Dafür gibt es kein festes Rezept. Man kann auch Hecken aus Totholz aufschichten, das schafft Lebensraum, und das Holz verrottet mit der Zeit wieder zu Humus. »Auf alle Fälle«, betont Günther, »ist es das Gegenteil jener Gärten, in denen jedes Kieselsteinchen in einem festen

Muster liegt, so funktioniert Natur nicht.« Das Scheunenwirtin-Motto lautet: Mut zur Wildnis, *be wild*!

Der Hof ist von Grünflächen umgeben, Weinreben bilden einen Spalierbogen, »das sieht einfach schön aus«, neben dem Hühnerstall am Waldrand stehen zwei Komposthaufen. Daneben wachsen Holunderbüsche und Kürbisse, Minze und Oregano unter Quittenbäumen, Felsenbirnen, deren Früchte als Kompott wunderbar zum Wild passen. »Wir lernen immer weiter dazu«, sagt Günther, und es klingt vergnügt und positiv. Trotz mancher Rückschläge: »Anfangs haben wir einen Teil der Flächen um die Häuser von Gartenprofis anlegen lassen, und dabei eigentlich ganz klar gesagt, dass wir einen Nutzgarten wollen – trotzdem haben die Zierkirschen gepflanzt.« Das Scheunenwirtin-Universum ist ein Gesamtkonzept, eine Lebensphilosophie, und das versteht nicht jeder.

Tomaten-Wahnsinn

Die Tomate ganz im Mittelpunkt – das ist der Sommer in seiner schönsten Form! Essen ist Genuss, und wenn die Tomaten so richtig von der Sonne verwöhnt werden, sind sie in ihrer Vielfalt und Schlichtheit einfach perfekt. Man braucht dazu nicht mehr als ein knuspriges Brot.

4 PORTIONEN | VEGAN | GLUTENFREI

1 großzügiges Kilogramm Tomatenvielfalt: Ochsenherzen, Fleischtomaten, Roma, Marmande, Dattel-, Beeren- und Cherrytomaten, gelb, grün, rot, orange, oder auch beinahe schwarz .... aufschneiden und gemischt auf Teller verteilen, allein schon die unterschiedlichen Strukturen, Konsistenzen und Farben machen neugierig

Salzflocken, etwa Maldon .... genügt eigentlich völlig

bunte Pfeffermischung
Kräutersalz .... nach Belieben würzen

Wer mehr will, brät noch Tomatenkrokant:

2 EL brauner Zucker
1 Prise Salz .... in der Pfanne karamellisieren

1 Handvoll Dattel- oder Beerentomaten .... zugeben, umrühren und sofort erkalten lassen, bevor die Tomaten Saft ziehen, so bildet sich eine knusprige Zuckerschicht um die Tomaten, die gut mit der Säure harmoniert

Gefüllte Ofentomaten mit Linsen-Tanz

Diese großen Tomaten, schwärmt Renate, das sind solche Schönheiten, die möchte man nicht klein schneiden, sondern richtig in Szene setzen, das haben sie verdient! Wir füllen sie mit einem Linsentanz, denn Linsen gehören hier auf der Alb unbedingt dazu, auch meine Eltern haben sie auf dem Feld gehabt, erzählt sie. Die meisten denken dabei an Wintersuppen, dabei ergänzen sich Tomaten und Linsen ganz fantastisch, sie tanzen wirklich miteinander!

4 PORTIONEN | VEGAN | GLUTENFREI

1 Zwiebel
1 Knoblauchzehe
1 cm Ingwerknolle .... schälen und fein würfeln
½ rote Paprikaschote .... waschen, putzen und in kleine Würfel schneiden
1 EL Öl .... alles leicht anschwitzen
¼ TL Kurkuma, gemahlen
¼ TL Nelken, gemahlen
¼ TL Kreuzkümmel, gemahlen
1 Prise Zucker
Salz .... würzen
50 g rote Linsen
50 g Alblinsen .... zugeben
250 ml Gemüsebrühe
250 ml passierte Tomaten .... aufgießen, ca. 25 Minuten weich köcheln lassen, evtl. mehr Brühe zugeben

4 große Fleischtomaten,
etwa Ochsenherzen .... waschen, Deckel abschneiden und die Tomaten vorsichtig mit einem Löffel aushöhlen, Fruchtfleisch hacken und zu den Linsen geben, Backofen auf 180 °C vorheizen
1 EL Öl
Salz
Pfeffer .... Tomaten mit dem gewürzten Öl innen und außen bepinseln (auch die Deckel!), in eine ofenfeste Form setzen und mit den Linsen füllen, Deckel auflegen und 15 Minuten backen

Blütenbutter

Die vielen verschiedenen Blüten, die Oma Lore über das Jahr hinweg sammelt, finden auch in der wunderschönen Blütenbutter Verwendung, sowohl frisch als auch getrocknet. Sie passt ganz hervorragend zu vielerlei Fleisch und Gemüse, schmeckt zu gekochten Kartoffeln oder einfach auf frischem Brot und ist auch ein wunderbares Mitbringsel für Grillabende bei Freunden! Wer keine Gelegenheit hat, Blüten selbst zu sammeln, kauft sie in getrockneter Form, einzeln oder als Mischung.

4 PORTIONEN | VEGETARISCH

1 Handvoll bunter Blüten	frisch und/oder getrocknet; besonders gut eignen sich Kapuzinerkresse, Gänseblümchen, Kamille, Ringelblume, Malven, Kornblume, Duftrosen, Lavendel, Borretsch, Thymianblüten, Salbeiblüten, Minzblüten
250 g frische Butter	geschmeidig, aber nicht flüssig
1 Prise Salz	etwa zwei Drittel der Blüten mit der Butter verkneten, mit Hilfe von Frischhaltefolie zur Rolle formen, etwa eine Stunde im Kühlschrank gut durchkühlen, dann in den restlichen Blüten drehen, so dass sie locker oben aufliegen

Wurzelgemüse mit Hasengrün

Nicht nur den Hasen schmeckt das Karottengrün, richtig zubereitet kann es Gerichte wunderbar verfeinern. Außerdem enthält es viel Kalzium und jede Menge Vitamine. Es lässt sich auch in Suppen und zu Pesto verarbeiten, in Salaten wie Tabouleh verwenden oder zu Smoothies pürieren.

4 PORTIONEN | VEGETARISCH | GLUTENFREI

4 rote Möhren mit Grün
4 weiße Möhren mit Grün
4 gelbe Möhren mit Grün .... Grün abtrennen, waschen und von den harten Stängeln zupfen, gut trocknen und beiseitestellen, Möhren waschen, schälen, der Länge nach halbieren und schräg in dicke Scheiben schneiden

100 g Butter
1 EL Öl .... in der Pfanne erhitzen und die Karotten glasieren

Salz
Pfeffer
Muskatnuss, gerieben .... würzen

Öl zum Frittieren .... fingerhoch in einer Pfanne erhitzen, das Grün sehr kurz frittieren, auf Küchenpapier abtropfen

Salz .... würzen und mit den Karotten anrichten

NATURNAH GÄRTNERN

Die Idee des naturnahen Gärtnerns im Sinne der Permakultur bedeutet nicht, die komplette Selbstversorgung anzustreben – was im Fall der Scheunenwirtin sowieso ein sehr ambitioniertes Unterfangen wäre –, sondern sich über den eigenen Garten hinaus ein Netzwerk von weiteren Versorgungsquellen aufzubauen. Für Gemüse, Salat und Kräuter sind das Adelheid Schultheiß und Inge Weber. Die beiden sind von Haus aus Sozialpädagoginnen und darüber hinaus passionierte Gärtnerinnen. Sie haben lange in Spanien gelebt und dort Fincas auf den Bio-Betrieb umgestellt. »Das war ein echtes Training, sehr rudimentär«, erklärt die ruhige, aber sehr begeisterungsfähige Adelheid, »eine gute Vorbereitung auf dies hier.« Dies hier, das ist ein kleines Haus und Grundstück am Rand von Schwäbisch Gmünd, das sehr versteckt am Wald 30 Jahre brachlag, bis sie es vor 15 Jahren übernahmen. Ihre Lebensphilosophie: gesund zu leben in jeder Hinsicht und mit möglichst wenig zurechtzukommen. Auch im Garten arbeiten sie mit so wenig Technik wie möglich. Das Ergebnis: eine großartige Fülle von leuchtenden, duftenden, lebendigen Pflanzen, die nur auf den ersten, unbedarften Blick als »Durcheinander« zu beschreiben ist.

»Man muss sich anpassen«, betonen sie, »und das tun, was geht, am Anfang haben wir Pilze gezüchtet.« Es dauerte ein paar Jahre, bis sie feststellten, dass es sich bei dem Nachbargrundstück um eine ehemalige Gärtnerei handeln musste. Sie kauften es und verbrachten die nächsten Jahre damit, alles freizulegen: »Es war wirklich mühsam, weil sich extrem viel Schutt angesammelt hatte.« Ganz bewusst räumten sie nicht komplett auf, rodeten zwar einige alte Bäume, beließen aber alte Hecken, Löcher, Unebenheiten, um möglichst vielen Tieren Unterschlupf zu bieten. »Da nisten Vögel, Erdbienen,

Hummeln, es gibt Ringelnattern – es ist eine Frage des Respekts, und auf diese Weise haben wir keine Probleme mit Schnecken.« Auch das Unkraut wird nur gezähmt.

Sie gießen alles von Hand, mit Regen- und Brunnenwasser, »einfach dann, wenn es trocken ist«. Durch die Waldnähe ist es morgens noch feucht, und abends zieht das Wasser die Schnecken an, also gießen sie tagsüber, auch wenn die gängige Meinung lautet, die Pflanzen würden dabei verbrennen.

Am Eingang der Gärtnerei steht ein kleiner Neubau, dort hatte sich unter all dem Schutt ein alter Gewölbekeller versteckt, den sie freigelegt haben und nun seine natürliche Kühle zum Lagern ihrer Ernte nutzen. Das Stockwerk darüber bietet Raum für Seminare und dient auch als Praktikantenunterkunft, im Moment wohnt dort Ildar aus dem Süd-Ural. Neben dem Häuschen liegt ein geschütztes kleines Gartenstück, »unser Rückzug«. Denn das Spirituelle, gleich welcher Religion, ist den beiden Gärtnerinnen wichtig. Sie räuchern mit Beifuß, »das ist der deutsche Lavendel, im Gewächshaus hält er die Viecher weg, und gegen Wühlmäuse hilft er auch!« Drei Sorten bauen sie an, von denen der gefiederte, bitterschmeckende das Immunsystem besonders stärken soll.

Einige der alten Gewächshäuser haben die beiden restauriert, von anderen stehen nur noch die Pflanztische. Da ranken Gurken und Kürbisse über Erdbeerspinat, fühlen sich Tomaten und Chilis in unterschiedlichsten Farben, Formen und Größen sichtlich wohl. Auch auf den Beeten herrscht ein großes vielfältiges Miteinander statt »Ordnung«: Gewürztagetes (»Blätter, Blüten, Samen, alles davon kann man nutzen«) wächst bei den Kartoffeln, neben den Auberginen leuchten die Blüten der Schwefel-Cosmea mit den roten Blattstielen zweier Bergkiwi-Büsche um die Wette, es gibt Butterkohl und Physalis. Eher anspruchslose Schnittsalate, Dill und Basilikum in vielen Varianten stehen dort, wo zuvor Erbsen wuchsen, soge-

nannte Starkzehrer. Die Kräuter dürfen entgegen alter Lehrmeinung ruhig blühen, »sie schmecken trotzdem intensiv, die alte Regel hatte vielleicht eher damit zu tun, dass man die Samen brauchte – verriebene Basilikumblüten schmecken großartig im Salat!« Adelheid ist an der Vielfalt gelegen, für die setzt sie sich ein, und bietet daher auf Wochenmärkten in Stuttgart und Schorndorf nicht nur Gemüse an, sondern auch Setzlinge und Pflanzen.

Die Lage am Wald ist ein Glücksfall, so werden keine fremden Samen angeweht, und es gibt keine Schadstoffbelastung. Das Wichtigste jedoch ist der Kompost, er sorgt im Garten für den Kreislauf, weil organisches Material (rein pflanzliches!) durch Luftsauerstoff und Bodenlebewesen zu Mineralstoffen (Dünger!) und Humus abgebaut wird. »Mir ist er allerdings hier zuerst verfault«, erzählt Adelheid, »bis mich jemand auf die effektiven Mikroorganismen aufmerksam machte, die man mit Zucker und Wasser zum Fermentieren ansetzt. Davon habe ich fünf Liter auf dem Komposthaufen verteilt, und am nächsten Tag hat er richtig gedampft!« Drei Monate später hatte sie beste Erde. Heute sprießt auch auf den Komposthaufen viel Grün, das regelmäßig mit den fermentierten Mikroorganismen gegossen wird. »Es ist ein Impuls zur Selbstregulation: was kann ich noch weglassen, damit es noch besser geht?« Mit dem Kompost werden auch im Frühjahr die kleinen Hügelbeete aufgefüllt. Auf die Frage nach der korrekten Höhe antwortet sie mit einem Lachen: »Die ist nicht so entscheidend, das muss alles nicht perfekt sein!« Genau das bringt diesen Garten, seine Betreiberinnen und ihre Pflanzen auf den Punkt.

Kartoffeln jung und verrückt

Diese Kartoffeln mit Toppings sind eine prima Alternative zu Raclette oder Fondue. Jeder am Tisch kann sich nach Belieben kreativ betätigen, jeder einzelne Teller wird zu etwas Besonderem, und der Abend darf ruhig etwas länger dauern. Der Phantasie sind keine Grenzen gesetzt, Hauptsache ein bisschen verrückt. Die Blütenbutter (Rezept S. 91) passt hier auch ganz wunderbar!

FÜR ZWEI PORTIONEN | OPTIONAL VEGETARISCH

600 g junge Kartoffelvielfalt	waschen, abbürsten und in der Schale kochen
300 g Schmand	
Salz	glatt rühren und abschmecken, in einer hübschen Schale anrichten
1 Ochsenherztomate	waschen und in kleine Würfel schneiden
1 Knoblauchzehe, fein gehackt	
2 EL Olivenöl	
2 EL Basilikumblätter, frisch, in feinen Streifen	
Salz	
Pfeffer	mit der Tomate mischen und abschmecken
2 rote Zwiebeln	schälen und in dünne Spalten schneiden
50 ml Balsamico	
1 EL brauner Zucker	einkochen, bis die Zwiebeln ganz weich sind – hübsch anrichten
150 g frischer Bauchspeck (für die vegetarische Version Räuchertofu) in Scheiben	auf ein Blech mit Backpapier legen, Ofen auf 180 °C vorheizen
2 EL Ahornsirup	auf dem Speck verteilen
Salzflocken	würzen, etwa 10 Minuten backen, so dass der Ahornsirup karamellisiert
schwarzer Pfeffer, grob geschrotet	würzen – und hübsch anrichten
Räucherfisch, nach Belieben	
frisch geriebener Meerrettich	zusammen anrichten
Kaminwurzen, nach Belieben	in dünnen Scheiben wie ein Carpaccio arrangieren
frische Kräuter, gemischt	hacken und noch eine hübsche Schale dafür finden
Salzflocken	sehen in einem dunklen Schälchen besonders schön aus

Pfannenbrot mit Erbsen-Kokos-Dip

Ein eher ungewöhnliches Rezept, südasiatisch inspiriert. Lässt sich sehr gut vorbereiten, schmeckt und passt auch zum Picknick, und je kleiner die Brote sind, desto eleganter wirken sie.

4 BIS 6 PORTIONEN | VEGAN

300 g Kartoffeln	waschen, mit Wasser bedeckt in etwa 20 Minuten weich kochen, abkühlen lassen, dann pellen, in einer Schüssel grob zerdrücken und beiseitestellen
FÜR DEN TEIG	
300 g Dinkelvollkornmehl	
1 TL Salz	in einer Schüssel mischen
200 ml Wasser	dazugeben, verrühren und den Teig mit den Händen kneten, bis er elastisch ist, in Folie wickeln und 40 Minuten ruhen lassen
FÜR DIE FÜLLUNG	
3 Lauchzwiebeln	putzen, waschen und in feine Röllchen schneiden
25 g frischer Ingwer	schälen und fein hacken
1 EL Öl	in einer Pfanne erhitzen, Ingwer und Lauchzwiebeln andünsten
150 g Erbsen	
1 ½ TL Currypulver	dazugeben, durchschwenken
4 Stängel Koriander	abbrausen, trocken schütteln und fein hacken
Salz	
schwarzer Pfeffer	kräftig abschmecken und mit den Kartoffeln mischen
FÜR DEN DIP	
150 g Erbsen	
1 Knoblauchzehe, geschält	
70 g Cashewkerne	
10 Minzeblättchen	
2 EL Limettensaft	im Mixer fein pürieren
etwa 125 ml Kokosmilch	so viel dazugeben, bis der Dip sämig ist
Chiliflocken	
Salz	abschmecken, beiseitestellen
	Teig in vier bis sechs Portionen teilen, zu Kugeln formen und auf der bemehlten Arbeitsfläche zu Kreisen ausrollen. Die Füllung auf jeweils einer Hälfte verteilen, dabei einen Rand von etwa 1 cm frei lassen. Diesen mit Wasser bestreichen, die andere Teighälfte über die Füllung schlagen und den Rand gut andrücken
6 EL Öl	in einer Pfanne erhitzen, die Pfannenbrote nacheinander bei mittlerer Hitze von beiden Seiten 5 Minuten hellbraun braten, auf Küchenpapier abtropfen lassen und mit dem Dip anrichten

Dinkel-Tabouleh mit Tempeh-Spießen

Als Dinkelino, aus der alten Sorte Oberkulmer Rotkorn, ist Dinkel perfekt für die schnelle Küche: die Körner werden dafür zuerst vom harten Spelz befreit und leicht angeschliffen, dann gedämpft, gewalzt und getrocknet. Auf diese Weise sind sie nicht nur schneller gar, sondern auch bekömmlicher.

4 BIS 6 PORTIONEN | VEGAN

FÜR DEN SALAT

200 g Dinkelino
500 ml Gemüsebrühe .... zum Kochen bringen und 15-20 Minuten köcheln lassen, bis der Dinkelino weich ist, abgießen, kalt abspülen, abtropfen lassen und in eine Schüssel geben
10 Mangoldblätter .... waschen, die Stiele fein hacken und die Blätter in feine Streifen schneiden
3 Lauchzwiebeln .... putzen, waschen und in feine Röllchen schneiden
1 EL Öl .... Mangoldstiele und Lauch ganz kurz anbraten
1 Bund Minze .... waschen, trocknen und die Blätter grob hacken
250 g frische Kirschen .... waschen, halbieren und entsteinen
50 g getrocknete Kirschen .... Mangoldgrün, Minze und Kirschen zum Dinkel geben
5 EL Zitronensaft
5 EL Olivenöl
Salz
Pfeffer .... zum Dressing rühren, unter den Salat mischen und diesen mindestens 2 Stunden abgedeckt durchziehen lassen

FÜR DIE TEMPEH-SPIESSE

50 ml Sojasauce
50 ml Gemüsebrühe
4 EL Ahornsirup
1 EL Apfelessig
1 TL Speisestärke
1 TL Ingwer, fein gewürfelt
1 frische Chili, in Streifen .... zu einer Marinade verrühren
350 g Lupinen-Tempeh .... in Dreiecke schneiden, auf 8 Spieße stecken
2 EL Sesamöl .... in einer Pfanne erhitzen, Tempeh-Spieße von allen Seiten knusprig braun braten, dann die Marinade zugießen und aufkochen: Sie soll leicht karamellisieren. Spieße mit dem Salat und der Marinade servieren

KORN KREIS
DINKELINO
Oberkulmer Rotkorn
Kochdinkel als Heimische
Alternative zu Reis

Pikanter Ofenschlupfer

Ein sehr, sehr schwäbisches Rezept, das sich süß oder pikant variieren lässt, wie hier mit Gemüse und Kräutern. Mit einem Salat ist das eine komplette Mahlzeit. Wenn man die Masse in Backpapier einrollt und so bäckt, lässt sich die Rolle gut aufschneiden und für eine größere Gesellschaft schöner anrichten.

4 BIS 6 PORTIONEN | VEGETARISCH

2 Zwiebeln	schälen und würfeln
1 Möhre	
1 rote Paprika	putzen und würfeln
150 g durchwachsener Speck in Streifen	
1 EL Olivenöl	alles zusammen andünsten, beiseitestellen
5 altbackene Brötchen	in Scheiben schneiden, beiseitestellen, Backofen auf 180 °C vorheizen
500 ml Milch	
3 Eier	
250 g Quark	glatt rühren
Salz	
Pfeffer	
Muskatnuss, gerieben	würzen, mit Gemüse und Brötchen in eine flache Auflaufform schichten
100 ml Milch	
100 ml Sahne	mischen und darüber verteilen
200 g Gouda, mittelalt, gerieben	über den Ofenschlupfer streuen und 30 Minuten backen

Salbeihähnchen

Salbei wächst zuhauf im Garten der Scheunenwirtin, hier aromatisiert er die leuchtend grüne Füllung unter der Hähnchenhaut. Die Blätter schmecken aber auch ganz kurz in Olivenöl frittiert sehr fein, sie passen gut zu Leber, mit viel Zwiebeln, und ergeben außerdem einen sehr wohltuenden Tee bei Halsschmerzen. Was das Hähnchen betrifft, sollte man eigentlich grundsätzlich einen ganzen Vogel kaufen und zerlegen. Die Brust braucht man für dieses Gericht, mit den Knochen setzt man eine Brühe an, die Keulen lassen sich einfrieren für einen anderen Tag, und aus dem übrigen Fleisch entsteht die Farce. Hier die Version für alle, die kein ganzes Huhn bekommen oder kaufen möchten.

4 PORTIONEN | GLUTENFREI

5 Hähnchenbrustfilets mit Haut ... unter kaltem Wasser abspülen, trocken tupfen, bei 4 Filets das Unterfilet abtrennen, zusammen mit dem fünften kompletten Brustfilet klein schneiden und in einer Schüssel bereitstellen

100 g frischer Blattspinat ... waschen und abtropfen lassen
1 Schalotte ... schälen und fein würfeln
50 g Butter ... in einer Pfanne glasig dünsten, Spinat zugeben und zusammenfallen lassen
Salz ... würzen, etwas abkühlen lassen
1 TL Speisestärke
5 Salbeiblätter, fein geschnitten
100 ml Sahne
½ Zitrone, abgeriebene Schale ... alles zusammen mit dem Spinat zum klein geschnittenen Fleisch geben und gut vermischen
Salz
Pfeffer ... würzen und die Masse 30 bis 60 Minuten im Gefrierschrank kühlen, dann im Mixer oder Cutter zu einer Farce verarbeiten – je länger sie gemixt wird, desto grüner wird sie. In einen Spritzbeutel füllen, Hähnchenbrüste salzen und pfeffern, die Farce unter die Haut drücken. Im Backofen bei 180 °C etwa 15 Minuten garen und mit Butterkartoffeln servieren

Ziegenkäse mit Scheißpfläumle

Swabian Superfood oder: das Scheißpfläumle. Eine längst vergessene Sorte, die man ab und zu noch auf alten Gehöften findet, auch als Zibärtle bekannt ist und großartige Obstbrände hervorbringt. Die Scheunenwirtin kann sich glücklich schätzen, bei ihr im Garten steht so ein Baum! Es handelt sich hierbei um die Wildform aller Pflaumen, sagt Renate, eher ein großer Busch als ein Baum, die Früchte in allen Schattierungen von Hellgelb über Rot bis Lila und geschmacklich sehr besonders. Wer keine Scheißpfläumle auftreiben kann, experimentiert mit Zwetschgen, Mirabellen, Reineclauden oder Kirschen.

4 PORTIONEN ALS NACHTISCH | VEGETARISCH | GLUTENFREI

200 g Scheißpfläumle	entsteinen
50 g brauner Zucker	in einem Topf karamellisieren lassen
50 ml Apfelbalsam-Essig	ablöschen und reduzieren, bis der Karamell kremig wirkt
1 Prise Salz	würzen, die Pfläumle zugeben und einmal kurz aufkochen
20 g Butter	unter das Kompott ziehen
4 kleine Ziegenfrischkäse	dazu servieren

BIENEN UND INSEKTEN

Der Bienenstock der Scheunenwirtin steht in der Mitte des Gartens, unter einem großen Walnussbaum, dessen Laub im Sommer Schatten spendet und der im Winter die wärmende Sonne zu dem hausgiebelförmigen Holzkasten durchscheinen lässt. »Wir halten diesen Schwarm«, sagt Günther, »für die Bestäubung, nicht für den Honig, den kaufen wir beim Imker, Günther Friedmann.« Er erklärt den Unterschied in der Haltung: In der freien Natur suchen sich die Bienenschwärme eine Höhle, die sie mit Waben ausbauen, und wenn der Schwarm zu groß wird, zieht die alte Königin mit ihrem Gefolge aus. Die Imker hingegen stocken die Kästen – die sie Beuten nennen – nach oben auf und montieren ein Gitter dazwischen, so dass die Königin im jeweils unteren Teil bleibt, während im oberen Teil ausschließlich unbebrütete Honigwaben entstehen.

Mathias, der Sohn von Günther Friedmann und längst selbst Imker, kommt regelmäßig vorbei, um sein professionelles Auge auf den Schwarm der Scheunenwirtin zu werfen. Denn Viren und Milben machen den Bienen immer mehr zu schaffen. Um Re-Infektionen zu vermeiden, wird die richtige Behandlung der Bienen immer wichtiger. Speziell Anfänger bei der Bienenhaltung sollten sich auf Kursen und bei guten Imkern nicht nur über die Bienenhaltung informieren, sondern auch über die vielen Zwei- oder Dreinutzungspflanzen, die blühen, Früchte zum Ernten und Insektennahrung hervorbringen. Die Scheunenwirtin versucht ganz bewusst, das Nahrungsangebot zu erweitern, mit mehrjährigen Blühflächen, Kornblumen und Winterlinde.

»Denn das eigentliche Problem«, bestätigt Mathias, »besteht darin, dass in der Landwirtschaft nichts mehr blüht und die Bienen verhungern.« Deshalb fahren die meisten Berufsimker mit ihren Völkern beim sogenannten »Anwandern« den Blüten hinterher. Das ist nicht ideal und funktioniert nur, wenn die Bienen den Fahrtwind spüren, den sie wie einen Sturm erleben. Sonst wird es schnell viel zu heiß in den Stöcken und sie ersticken an ihrer eigenen Wärme.

In ungewohnter Umgebung finden sich Bienen aber sehr schnell zurecht. Sie geben Informationen untereinander durch Tänze, über Pheromone und Vibrationen im Bienenstock weiter und funktionieren daher nur als Team. In einem Radius von bis zu sechs Kilometern vom Stock entfernt steuern sie Blüten an, saugen den Nektar heraus und übergeben ihn zu Hause an andere Bienen, die ihn konzentrieren und einlagern. Immer wieder wird er dabei von den Tieren eingesaugt und abgegeben und so sukzessive mit Enzymen, Eiweißen, Säuren und anderen bieneneigenen Stoffen angereichert. Dadurch wird er immer zäher, bis der Wassergehalt schließlich so niedrig ist, dass er in den mit Wachs abgedichteten Lagerzellen nicht gärt. Zusammen mit dem Pollen stellt dieser Honig die Winterverpflegung der Bienen sicher, während Propolis aus Baumharz und Pollen zur Abwehr von Bakterien, Pilzen und anderen Mikroorganismen dient.

»Bienen verzeihen einem so manches«, sagt Mathias mit viel Gefühl. Als Sohn eines leidenschaftlichen Imkers hat er schon als Kind viel gelernt, begann sein Berufsleben aber als Land- und Baumaschinenmechaniker, um erst dann zu den Bienen zurückzukehren und seinen eigenen Weg mit ihnen zu finden. Jeder Imker arbeitet anders, und wie bei so vielen Dingen ist es auch hier wichtig, ein Gefühl für die Bienen zu entwickeln, genau hinzuhören und hinzuschauen ... und eigentlich von ihnen zu lernen. Bienen sind sehr flexibel in ihren Aufgaben. Im Laufe ihres Lebens müssen sie erst den Stock putzen, danach die Brut pflegen, dann den Stock verteidigen und schließlich sammeln, und wenn Not an der Biene ist, springen sie auch sehr schnell für andere ein, unabhängig davon, wo sie selbst gerade in dieser Abfolge stehen. Das macht sie zu grundsätzlich sehr widerstandsfähigen, robusten Tieren.

Doch trotz aller Robustheit und Flexibilität ist Mathias nicht der Einzige, den die Zukunft der Bienen – und damit unsere eigene – mit Sorge erfüllt. Die konventionelle Berufsimkerei vergleicht er mit einer Mastanlage für Schweine, ausschließlich auf Ertrag angelegt, der Verteidigungsinstinkt weggezüchtet. Dazu kommt: Bienen können in der westlichen Zivilisation längst nicht mehr allein überleben. Nach der Baumblüte und dem Raps ist die Saison zu Ende, der Spätsommer bringt keinen Honig mehr, und in klimatisch schwierigen Jahren wie 2021 stehen ihnen oft nur Weißdorn, Hartriegel und Raps zur Verfügung.

Das heißt: die Dinge müssen sich ändern. Es gibt genug Honigbienen, aber den Insekten allgemein geht es schlecht. In manchen Regionen Deutschlands sind 75 Prozent von ihnen ausgestorben. Forscher des Entomologischen Vereins Krefeld e.V. fanden auf Flächen, die

einst 21 verschiedene Hummelarten beherbergten, nur noch ganze drei Arten. 18 Hummelarten sind also unwiederbringlich verloren. Es ist ein Teufelskreis. Honigbienen als Bestäuber sind zwar effizient, da sie sich systematisch durch die verschiedenen Sorten arbeiten, das ist die »Blütenstetigkeit«, so fliegen sie etwa zuerst alle Äpfel ab und gehen dann erst an die Birnen. Aber allein können sie die Bestäubung nicht sicherstellen, dazu braucht es viele verschiedene Insekten. Bei Ackerbohnen etwa gelangen die Bienen gar nicht an den Nektar, da müssen erst Hummeln die Blüten von hinten anbeißen, dann können sich auch alle anderen bedienen. Pflanzen, Insekten, Vögel bilden eine einzige große Kette: Monokulturen, Insektizide und Artenschwund sind eng miteinander verbunden.

Was also tun? Die Antwort, da sind sich viele einig, heißt Blühflächen, und zwar Blühflächen, die über mehrere Jahre stehen bleiben. So können in großen Stängeln etwa Schmetterlinge in ihren Kokons überwintern. Genauso wichtig: Hecken, für Insekten und Vögel. Ein erster Schritt kann aber auch darin bestehen, im Garten das Gras wenigstens an einer der Rasenecken stehen zu lassen. Dabei ist es wichtig, heimische Gräser zu säen statt Kulturgras, regionale Blühpflanzen, auf die die heimischen Insekten spezialisiert sind, und statt Zierpflanzen alte Sorten, die Blüten, Pollen und Nektar produzieren. Geranien etwa haben früher sehr gut »gehonigt«, auch Sonnenblumen, während heute die meisten gar keinen Nektar mehr produzieren und somit komplett aus dem Nahrungsangebot für Insekten ausscheiden. »Wir brauchen Vielfalt in allem«, sagt Mathias, »der Sommer muss wieder bunt werden, mit Mohn und Kornblumen, Vogelnistkästen, Gesumm und Gebrumm.«

Süßer Flammkuchen mit Blaubeeren

Ein super einfaches und wirklich schnelles Rezept, das zeigt, dass Flammkuchen nicht unbedingt Speck und Zwiebeln heißen muss. Lässt sich sehr gut mit anderen Beeren variieren, aber auch mit Äpfeln – dann die Quarkmasse mit Zimt abschmecken!

6 PORTIONEN | VEGETARISCH

20 g frische Hefe	zerbröckeln
300 ml Wasser	verrühren
500 g Mehl Typ 405	
50 g Butter	
1 Ei	
1 TL Salz	alles zu einem Teig verkneten, 30 Minuten zugedeckt an einem warmen Ort gehen lassen, dann in 6 Portionen teilen und mit dem Nudelholz zu runden Fladen von etwa 30 cm ⌀ ausrollen, mit etwas Mehl bestäuben und auf einem mit Backpapier ausgelegten Blech nochmals zugedeckt 10 Minuten ruhen lassen, Backofen auf 220 °C oder Pizzastufe vorheizen
200 g Quark	
100 g Sauerrahm	
1 TL Vanillezucker	
50 g Puderzucker	
1 Ei	verrühren und die Masse auf den Fladen verteilen, dabei einen Rand frei lassen
300 g Blaubeeren, frisch oder TK	auf der Quarkmasse verteilen und die Fladen ca. 10 Minuten backen
Puderzucker	die Flammkuchen bestäuben und sofort servieren

Aprikosen-Plunder

Sommer ist Aprikosenzeit! Hefeplunderteig kann man gut selbst zubereiten, das ist weniger kompliziert als gedacht und schmeckt so viel besser. Außerdem lassen sich die Teilchen gut auf Vorrat fabrizieren und ungebacken einfrieren, dann hat man immer etwas Süßes zum Kaffee. Statt der Aprikosen passen auch Kirschen, Äpfel, Himbeeren dazu.

FÜR 30 KLEINE WINDRÄDER | VEGETARISCH

200 ml Milch
100 g Butter ... leicht erwärmen, so dass die Butter schmilzt

600 g Mehl Typ 405
80 g Zucker
1 geh. TL Salz
2 Eier
1 Würfel frische Hefe ... in einer Schüssel zusammen mit der Milch zu einem glatten, glänzenden Teig kneten, 30 Minuten bei Zimmertemperatur zugedeckt ruhen lassen

250 g Butter
150 g Mehl ... verkneten und auf Klarsichtfolie zu einem 1 cm dicken Rechteck formen, 30 Minuten kalt stellen

Mehl ... Arbeitsfläche bestäuben und den Hefeteig auf 30 × 50 cm ausrollen, die Butter an ein Ende davon legen, das andere darüberschlagen und die Kanten gut festdrücken, so dass die Butter ganz umschlossen ist, dann den Teig um 90 Grad drehen, wieder auf 50 cm ausrollen, von rechts und links auf ein Drittel zusammenfalten. Dies Drehen, Ausrollen und Falten dreimal wiederholen, dann den Teig 30 Minuten kühl stellen und wiederum zweimal ausrollen und falten, dann kühl stellen

500 g Magerquark
2 EL Zucker
2 EL Speisestärke
1 TL Vanillezucker ... zu einer glatten Masse mischen, beiseitestellen, Backofen auf 190 °C vorheizen. Den Teig auf 60 × 50 cm ausrollen und in 10 × 10 cm große Quadrate schneiden, deren Ecken anschließend in Richtung Mitte einschneiden und je eine Ecke zur Mitte klappen und andrücken, die Füllung jeweils in die Mitte geben

30 Aprikosenhälften, frisch oder aus Glas/Dose ... jeweils auf die Quarkmasse setzen, die Windräder auf ein mit Backpapier ausgelegtes Blech legen (an diesem Punkt lassen sie sich gut einfrieren), 15 Minuten ruhen lassen

1 Eigelb
2 EL Wasser ... verquirlen, die Windräder damit bestreichen und 20 Minuten hellbraun backen

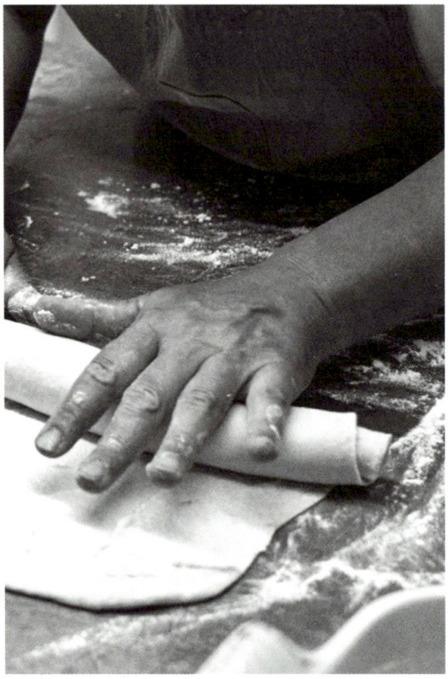

Ferdinandgebäck mit Aprikosen

Ja, Sommer ist Aprikosenzeit! Für dieses Rezept eignet sich aber auch jedes andere Obstkompott, im Winter passen filetierte Orangen oder rosa Grapefruit, um dem süßen Ferdinandgebäck die notwendige Säure entgegenzusetzen. Der Name dieses Gebäcks geht angeblich auf die Improvisation eines Kochs namens Ferdinand zurück, der für die Geburtstagsfeier des bayerischen Königs aus der Not heraus dieses einfache Dessert kreierte. Ob das nun so stimmt oder nicht, schmecken tut es köstlich, einfach Sünde pur, sagt Renate.

4 BIS 6 PORTIONEN | VEGETARISCH

500 g Aprikosen .... waschen und entsteinen
100 g Zucker .... zum Kompott kochen, beiseitestellen

250 g Mehl Typ 405 .... in eine Schüssel geben
20 g Hefe
125 ml Milch .... Hefe in der Milch auflösen, zum Mehl geben
2 TL Zucker
2 Eigelb
1 Prise Salz .... zugeben und zu einem Teig verkneten, 30 Minuten an einem warmen Ort abgedeckt gehen lassen
80 g weiche Butter
80 g Zucker
½ TL Vanillezucker .... verrühren
etwas Butter .... eine Springform von 25 cm ⌀ einfetten, den Backofen auf 180 °C vorheizen

Mehl .... Arbeitsfläche bestäuben und den Teig rechteckig 5mm dick ausrollen, mit der Zuckerbutter bestreichen, dann der Länge nach aufrollen und in 5 cm breite Schneckennudeln schneiden, die man aufrecht mit der Schnittfläche in die Form setzt, vor dem Backen nochmals 30 Minuten gehen lassen, dann 25 Minuten backen
500 ml Milch
5 EL Zucker
½ TL Vanillezucker .... verrühren, über das Gebäck gießen und weitere 10 Minuten in goldgelb backen
Puderzucker .... das Gebäck bestäuben
400 ml Schlagsahne .... steif schlagen, mit dem Kompott zum Gebäck servieren

Pfeudele mit Felsenbirnenkompott

Noch ein urschwäbisches Rezept, das sich pikant (dann serviert man einen grünen Salat dazu) oder süß zubereiten lässt. Felsenbirnen haben mit gängigen Birnen nicht viel gemeinsam, sie ähneln eher großen Heidelbeeren, und durch die rotblaue Schale schmecken sie schön herb. Zu den Pfeudele passt aber auch jedes andere Kompott.

4 PORTIONEN À 3 STÜCK | VEGETARISCH

400 g Felsenbirnen	waschen und putzen
100 g Zucker	
1 Vanilleschote	der Länge nach halbiert zum Kompott einkochen, beiseitestellen
500 ml Milch	zum Kochen bringen
150 g Mehl	unter Rühren zugeben und weiter rühren, bis sich die Masse vom Topfboden löst, etwas abkühlen lassen
1 Ei	
1 Prise Salz	
1 TL Vanillezucker	
1 gestr. TL Backpulver	mit der Rührmaschine unter den Teig mischen, mit einem Esslöffel 12 Klöße abstechen
Öl zum Ausbacken	in einer tiefen Pfanne erhitzen und die Pfeudele ausbacken
Zimtzucker	darin wälzen
Puderzucker	bestäuben und warm mit dem Kompott anrichten

Kirschen auf Baiser und Sahne gebettet

Ist das nun eine Torte oder ein Dessert? Ganz egal. Dieses fluffig luftige Baiserkissen mit dem wunderbar sahnigen Herz könnte man auch als Pavlova bezeichnen. Sie kann nicht nur mit frischen Kirschen (die haben sich wie so häufig in Birtes Backstube einfach so »ergeben«), sondern mit allen Arten von Beeren dekoriert werden. Es lassen sich natürlich auch einzelne kleine Portionen backen und anrichten.

GLUTENFREI | VEGETARISCH

3 Eiweiß	
1 Prise Salz	in einer Schüssel steif schlagen, den Ofen auf 130 °C ohne Umluft vorheizen
150 g Zucker	langsam zugeben und so lange weiter schlagen, bis sich der Zucker komplett aufgelöst hat und man keine Zuckerkristalle mehr spüren kann
1 TL Speisestärke	
1 TL Zitronensaft	kurz einrühren, die Masse als runden Kreis (ca. 18-20 cm Ø) auf ein mit Backpapier ausgelegtes Blech geben und mit einem Esslöffel in der Mitte eine Mulde formen, dabei die Seiten nach oben ziehen, so dass Spitzen entstehen, 60 Minuten backen – während dieser Zeit den Ofen nicht öffnen! Dann den Ofen ausschalten und das Baiser im Ofen vollständig abkühlen lassen, damit es nicht reißt
150 g Mascarpone	
80 g Zucker	glatt rühren
100 ml Sahne	
1 Päckchen Sahnesteif	steif schlagen, unter den Mascarpone ziehen
500 g Kirschen	waschen und trocken tupfen, unmittelbar vor dem Servieren die Sahnemasse auf das Baiser geben und darauf die Kirschen setzen

KRÄUTER, BLÄTTER UND BLÜTEN FÜR DEN TEE IM WINTER UND DEN SPRITZ IM SOMMER

Auf einem Tisch in der Sonne sind Lindenblüten ausgebreitet. Oma Lore streift mit der Hand darüber, horcht auf das erste Knistern der trocknenden Blätter, wendet sie vorsichtig. Den ganzen Sommer über bekommt sie Blätter und Blüten von überall her mitgebracht, hier eine Kiste voll, dort eine Tüte. Und sie sammelt selbst, hält ständig Ausschau für ihren Vorrat getrockneter Natur. Die Kräuter, Blätter und Blüten verwahrt sie in großen Wannen, die sie in einer Kammer gestapelt hat, und mischt daraus Kräutertee. Mit den sorgsam aufbewahrten Blüten, jedes einzelne leuchtende Blatt vorsichtig ausgebreitet und geglättet, versorgt sie Birte in der Konditorei, die damit Hochzeitstorten zu wahren Unikaten macht.

Im Sommer stehen auf Oma Lores kleiner Terrasse lauter flache graue Gärtnersteigen, die sie immer wieder umstapelt. Droht Regen, wird das Wohnzimmer zum Trockenraum umfunktioniert, als Bäuerin ist sie gewohnt, sich der Natur anzupassen. Auf die Frage, worauf es denn beim Kräutertrocknen ankomme, zuckt sie mit den Schultern: Man lässt sie einfach trocknen, Punkt. Das ist für sie ebenso selbstverständlich wie das Hühnerschlachten.

Für Nicht-Bäuerinnen: Wer im Winter warmen, wohltuenden Kräutertee trinken oder duftende Blätter und Blüten über Suppen, Salate, Pizza oder den Kuchen streuen möchte, muss sich im Sommer darum kümmern. Und das vor allem an trockenen Tagen, die beste Zeit zum Ernten. Die Blüten knipst man ab, wenn

sie ganz aufgeblüht sind, während man Blätter besser vor der Blüte sammelt oder gleich die ganzen Triebspitzen pflückt. Anschließend breitet man sie an einem luftigen, warmen Ort auf Zeitungspapier aus und trocknet die duftenden Schätze dann ganz schonend, wenn nötig, werden sie vorsichtig gewendet. Knistern sie leise beim Zusammendrücken, wollen sie zur Aufbewahrung in Gläser, stabile Tüten oder Schachteln gefüllt werden.

Auch über ihre Teemischungen verliert Oma Lore nicht viele Worte, kombiniert scheinbar intuitiv herbwürzige Schafgarbeblüten mit Brennnesselblättern und greift dann noch zu einer kleinen Handvoll Gänseblümchen: »Es soll nicht nur guttun, sondern immer auch schön aussehen.«

Es gibt vielerlei zu entdecken und zu sammeln – jedoch immer zum richtigen Zeitpunkt und in Maßen, damit die Pflanzen nicht geschwächt werden und gut nachwachsen. Zitronenmelisse schmeckt als Tee nach der Blüte eher unangenehm, davor jedoch wunderbar beruhigend; hervorragend geeignet für lange, graue Winterabende. Auch Minze möchte vor dem Blühen gepflückt werden. Mit ihren vielen Varianten bringt sie eine erfrischende Note mit, damit lässt sich in der Küche gut spielen. Thymian würzt Fleisch und Gemüse, ergibt aber auch einen herbwürzigen Tee, der bei Husten besonders wohltut. Ein Tee aus Oregano, das klingt noch ungewohnter, ist aber einen Versuch wert. Wesentlich leichter und beschwingter schmeckt Zitronenverbene, in Frankreich wird »Verveine« gerne zum Abschluss eines Abends vor dem Zubettgehen getrunken. Lindenblüten beruhigen bei aufgeregtem Gemüt, sie werden wie die meisten Blüten am besten gepflückt, wenn sie voll aufgeblüht sind und die Bienen sich über sie hermachen. Idealerweise wartet man damit bis zum Abend, wenn die Insekten weniger aktiv sind. Auch bei der Kamille sind es die zarten Blütenköpfe, die süßlich-herb mit Honig gesüßt in schlaflosen Nächten für Entspannung sorgen und als Aufguss bei verstopften Winternasen helfen.

Für ganz besondere farbige und aromatische Akzente sind die Rosen zuständig. Bei der Scheunenwirtin werden sie ganz am Ende der Blüte gepflückt, kurz bevor sie abfallen, und nachdem viele Hochzeitspaare und Geburtstagsgäste an ihnen vorbeiflaniert sind. Rosenblätter haben vielleicht für sich keine Heilwirkung, aber allein ihr Duft sorgt für ein Lächeln. Ebenso leuchtend, doch dabei wahre Allroundtalente der Heilpflanzenwelt sind die fröhlich orange winkende Ringelblume und die scharlachrot blühende Goldmelisse oder Indianernessel, bei der sich die zitronigen Blüten und Blätter in der Küche und als Tee nutzen lassen.

Neben dem Trocknen ist die Verarbeitung zu Sirup eine relativ einfache Methode, um die Aromen der hellen Jahreszeit einzufangen. Im Gegensatz zu den kommerziellen Produkten ist der Sirup der Scheunenwirtin »natürlich« ein wenig blasser und schmeckt auf angenehme Art dezenter. »Wir nutzen lieber etwas weniger Zitronensäure und bewahren die Flaschen gekühlt auf«, sagt Günther, »das schmeckt uns besser. Aber wir experimentieren auch hier immer weiter.« Auch für den Sirup wird das verarbeitet, was wächst: Holunderblüte, Minze oder Lavendel ergeben einen hellgrünen bis bräunlichen Sirup, Rosenblätter, Rhabarberschalen und Holunderbeeren leuchten in blassem Pink und Lila. »Für Limonade mischen wir Rosen und Holunderbeere für die süße Variante, Holunderblüte mit Zitronen- und Limettensaft für die saure. Der Hit jeder Veranstaltung ist ›Pimp your Spritz‹!« Dafür stehen an der offenen Bar Flaschen mit Sirup, Teller mit frischen Früchten und Kräutern und Crémant in großen Eiskühlern bereit, und jeder mischt sich seinen eigenen Drink – »das lockert wirklich jede Party auf«. Für den Kräutertee ist Zeit bis zum nächsten Morgen ...

Rhabarbersirup

Rhabarberschalen braucht man nicht wegzuwerfen. In ihnen stecken die besten Inhaltsstoffe, hier sitzen Farbe und Geschmack. Je intensiver die Rhabarberfarbe, umso schöner ist später der Sirup. Schmeckt gut mit Sekt, Sprudelwasser oder Tonic aufgefüllt.

VEGAN | GLUTENFREI

8 bis 10 Stangen Rhabarber	gut waschen und schälen, das Fleisch kann auch für eine spätere Verwendung, etwa einen Kuchen, eingefroren werden
1 Liter Wasser	
1 kg Zucker	
2 Vanilleschoten, der Länge halbiert	
1 Zitrone, halbiert	
1 Zimtstange (nach Geschmack)	alles zusammen mit den Schalen aufkochen und abgedeckt 12 bis 24 Stunden ziehen lassen, dann den Sud durch ein Sieb passieren und in saubere, heiße Gläser oder Flaschen füllen, abkühlen lassen und im Kühlschrank lagern

Rosensirup

Rosen sind nicht nur schön anzusehen, ihr wunderbarer Duft lässt sich als Getränk einfangen. Wichtig ist, dass sie nicht gespritzt wurden, und die beste Farbe erzielt man mit dunkelroten Sorten. Der Sirup schmeckt fein mit Mineralwasser und Sekt oder in Cocktails.

VEGAN | GLUTENFREI

1,5 l Wasser	
1 kg Zucker	zum Kochen bringen, Zucker vollständig auflösen, etwas abkühlen lassen
2 Zitronen	
1 großer Eimer Rosenblüten (mind. 5 Liter)	Zitronen und Blüten in sehr feine Scheiben schneiden: je feiner, desto mehr Aroma!
10 g Zitronensäure	in einer Schale mit Zitronen und Rosen mischen, mit dem warmen Zuckersirup übergießen und zwei Tage kühl stellen, dann durch ein sehr feines Sieb oder ein Tuch abseihen, den Sirup nochmals aufkochen, heiß in Flaschen abfüllen und kühl lagern

Lavendelsirup

Lavendel ist mit seinem ausgeprägten Aroma durchaus gewöhnungsbedürftig. Doch wer einmal richtig guten Lavendelhonig genossen hat, kommt davon nicht mehr los! Wenn die Bienen fleißig den Lavendel bearbeiten, ist er reif zur Ernte. Aber natürlich müssen für sie einige Blüten zurückbleiben. Versetzt man den Lavendelsirup mit einer Mischung aus Holunderbeerensaft und blauer Bio-Lebensmittelfarbe (Spirulina), bekommt der Sirup einen lavendelfarbenen Touch.

VEGAN | GLUTENFREI

1,5 l Wasser	
1 kg Zucker	zum Kochen bringen und den Zucker vollständig auflösen, abkühlen lassen
2 Bündel Lavendel	Blüten von den Stängeln schneiden
2 Zitronen	in sehr feine Scheiben schneiden, mit den Blüten in eine Schale geben
10 g Zitronensäure	zugeben und alles mit dem noch warmen Sirup übergießen, zwei Tage kühl stellen, dann durch ein sehr feines Sieb oder Tuch passieren, den Sirup einmal aufkochen, heiß in Flaschen abfüllen und kühl lagern

HERBST

Kartoffelsalat

Schwäbische Küche, ob althergebracht oder modern, ist ohne Kartoffelsalat undenkbar. Ganz wichtig: der Kartoffelsalat darf auf keinen Fall zu trocken sein, er muss schmatzen, *also* schmotzig *oder auch* schleetzig *sein. Renate kocht die Zwiebeln grundsätzlich in der heißen Brühe, »dann zwiebeln sie nicht so, und der Salat schmeckt auch noch am nächsten Tag«. Etwas frischer und leichter wird der Salat mit Gurke.*

4 BIS 6 PORTIONEN | VEGAN | GLUTENFREI

1,5 kg Kartoffeln, festkochend (etwa Sieglinde)	waschen und in Wasser gar kochen, dabei das Wasser nur sieden lassen, so garen die Kartoffeln gleichmäßig durch, dann unter kaltem Wasser abschrecken und pellen. In eine große Schüssel dünne Scheiben mit dem Messer schnippeln oder hobeln
100 ml Öl	
2 EL Senf	dazugeben
1 Zwiebel	schälen und würfeln
500 ml Gemüsebrühe	mit der Zwiebel aufkochen und über die Kartoffeln gießen, mit den Händen vorsichtig vermengen
½ TL Zucker	zugeben
Branntweinessig	nach Geschmack nach und nach zugeben
Salz	
Pfeffer	würzen
1 Salatgurke	nach Belieben waschen, ungeschält in feine Scheiben hobeln oder schneiden und darunterheben, den Salat etwas ziehen lassen und nochmals abschmecken

Gesalzener Rahmkuchen

Eine ganz unkomplizierte Angelegenheit und großartig zu einem guten Glas Wein oder Moschd: das Blech kommt einfach auf den Tisch, jeder greift zu und isst aus der Hand.

6 PORTIONEN | VEGETARISCH

200 g Dinkelmehl Typ 630 *60 g Schmalz (alternativ Butter)* *1 Prise Salz* *100 ml Milch*	zu einem glatten Mürbteig kneten, 30 Minuten kalt stellen, ein Backblech einfetten und den Ofen auf 200 °C vorheizen
400 ml saure Sahne *3 Eigelb*	glatt rühren
Salz	würzen, das Blech mit dem Teig auslegen, die Masse darauf verstreichen, dabei einen Rand frei lassen
reichlich frischer Schnittlauch in Röllchen *1 TL Kümmel*	darüberstreuen und den Kuchen 30 Minuten backen, dann in Stücke schneiden – er schmeckt warm am besten

Buchweizen-Pastinaken-Aufstrich

Die Pastinake ist der süße Kumpel unserer geliebten Petersilienwurzel, erklärt Renate. Die beiden werden oft verwechselt. Generell ist die Pastinake viel süßer im Geschmack und daher die perfekte Begleitung für den nussigen Buchweizen. Buchweizen ist ein Pseudogetreide und deshalb wunderbar für glutenfreie Gerichte geeignet. Zudem enthält er viel Eiweiß, weswegen er für die vegane und vegetarische Küche von unschätzbarem Wert ist.

6 PORTIONEN | GLUTENFREI | VEGAN

400 g Buchweizen .... über Nacht in Wasser einweichen, am nächsten Tag in einem Sieb abtropfen lassen

2 EL Sonnenblumenöl .... den abgetropften Buchweizen anbraten

2 Pastinaken

2 Zwiebeln .... schälen, würfeln und dazugeben, andünsten

250 ml Gemüsebrühe .... ablöschen und 10 Minuten köcheln lassen, bis die Flüssigkeit verkocht ist

Salz

Pfeffer

½ Zitrone, Saft .... abschmecken, alles pürieren und kalt stellen, hält sich im Kühlschrank 10 Tage lang

Feldsalat mit Äpfeln und Nüssen

Feldsalat harmoniert großartig mit Nüssen und Äpfeln, weil die Blätter selbst eine nussige Note haben – auf Schweizerdeutsch heißt er auch Nüsslisalat. Achtung: insbesondere Freilandsalat muss wirklich gründlich gewaschen werden, da sonst der Sand im Salat den Genuss verdirbt.

4 BIS 6 PORTIONEN | VEGETARISCH

300 g Feldsalat	gründlich waschen und putzen
FÜR DAS DRESSING	
30 ml Walnussöl	
60 ml Sonnenblumenöl	
1 EL mittelscharfer Bauernsenf	
30 ml Apfelessig	
3 EL Honig	im Mixer oder mit einer Gabel kremig rühren
Salz	
Pfeffer	abschmecken
1 rote Zwiebel	schälen, fein würfeln und kurz vor dem Anrichten zugeben, das Dressing beiseitestellen
3 bis 4 säuerliche Äpfel	gründlich waschen, Kerngehäuse ausstechen und in 1 cm dicke Scheiben schneiden
1 EL Mehl	Apfelscheiben darin wälzen
Öl	fingerhoch in einer Pfanne erhitzen und Apfelscheiben goldbraun ausbacken, auf Küchenpapier abtropfen lassen, beiseitestellen
30 g Walnusskerne	
30 g Haselnusskerne	
30 g Erdnüsse	
30 g Paranüsse	
2 EL brauner Zucker	in einer Pfanne karamellisieren
1 Prise Salz	
1 Messerspitze Chilipulver	würzen, Krokant erkalten lassen und mit der Hand etwas zerdrücken, zum Servieren Feldsalat mit dem Dressing anmachen, mit den noch warmen Äpfeln anrichten und den Krokant darüberstreuen

STREUOBSTWIESEN

»Ich dachte früher, die Natur hilft sich grundsätzlich selbst – aber das stimmt nicht!« Günther begutachtet die jungen Bäume, die in großen Abständen auf einer Wiese am Rande des Bärenbergs stehen. »Es sind schließlich keine Wildgehölze, sondern vom Menschen gezüchtete Nutzpflanzen, und die müssen auch vom Menschen gepflegt werden, sonst werden sie krank.« Wenn Äste abbrechen und die Wunden nicht heilen, kommt der Specht und klopft sich eine Höhle, nisten sich Pilze und Viren ein, und der Baum vergreist vorzeitig. Günther hat einen Baumwartkurs absolviert, sich mit Theorie und Praxis auseinandergesetzt und sagt, es gebe so viele unterschiedliche Philosophien, dass man sich letztendlich für eine entscheiden muss. »Die einen schneiden bei jungen Bäumen viel weg, um das Wachstum zu fördern, die anderen sagen, dass die Bäume genau dieses Blattgrün brauchen.«

Auf dem drei Hektar großen Grundstück, einem Südhang am Waldrand, sollen letztendlich rund 200 Bäume stehen, »ein großer Vielfaltsgarten«. Doch auch der braucht Struktur, wegen der unterschiedlichen Höhe der Bäume und der Größe der Baumkronen: oben Walnüsse und Süßkirschen, unten Zwetschgen, dazwischen Äpfel und Birnen, bevorzugt alte Sorten wie Danziger Kantapfel oder Gewürzluiken. Am Rand, zum Weg hin, sind hingegen eher herb schmeckende Mostobstsorten geplant, damit die Spaziergänger im Herbst nicht über die Ernte herfallen.

Günther erzählt, dass sie mit dem Pflanzen der Bäume für gehöriges Aufsehen sorgen. Streuobstwiesen gibt es auf der Schwäbischen

Alb seit sehr langer Zeit, aber sie wurden kaum noch gepflegt oder gar neu angelegt. Sie gelten als ineffizient. Früher war es in vielen Gemeinden Pflicht, beim Kauf eines Grundstücks eine bestimmte Anzahl Obstbäume zu pflanzen. Das hat viele Gründe: diese Streuobstwiesen sind hervorragend an Boden, Klima und Gelände angepasst, ihre nachhaltige Nutzung führt zu langsamer Grundwasserbildung, an Hängen schützen sie vor Erosion, produzieren Frischluft – und natürlich Tafelobst, »Moschd«, Apfelsaft und Obstbrände.

Doch damit nicht genug: Streuobstwiesen bieten Lebensraum für rund 5000 Tier- und Pflanzenarten, sind Heimat für unzählige Insekten und Vögel. Die landwirtschaftlichen Flächen der Scheunenwirtin sind über ganz Bartholomä verteilt, in ganz unterschiedlichen Ausrichtungen und Hanglagen, und das fördert die Vielfalt noch. Möglichst viele Sorten zu pflanzen macht auch deshalb Sinn, weil so das Risiko für Ausfälle durch Fröste oder Schädlinge verteilt wird. Gepflanzt wird am besten im November, dann können die Bäume über den Winter Wurzeln bilden, bevor sie im Frühjahr nach oben wachsen. Weil die jungen Bäume bis ins achte Jahr sehr flach wurzeln, sind die Wiesengräser während dieser Zeit eine echte Konkurrenz bei der Versorgung, und aus diesem Grund legt man sogenannte Baumscheiben an. Dafür wird rund um den Baum mit einer Hacke ein Streifen der obersten Erdschicht nach außen umgebrochen, so dass eine Mulde mit nackter Erde entsteht, die als Wärmespeicher und Wassersammelstelle dient. Im Hochsommer kann man die Erde mit Mulch abdecken, also mit Stroh oder Heu, damit die Feuchtigkeit nicht verdunstet und sich Humus bildet.

Was gilt es sonst zu beachten? Schon bei den jungen Bäumen müssen beim Schnitt die sogenannten Leitäste als Grundgerüst der Baumkrone angelegt werden, meist vier stärkere Äste, an die sich später auch eine Leiter stützen lässt. In üppigen Jahren, wenn aus ei-

ner Knospe fünf Blüten und mehr wachsen, ist es ratsam, einige davon auszubrechen, für eine gleichmäßige, konstante Erntemenge und -qualität. Sonst verausgabt sich der Baum und trägt im Folgejahr weniger oder gar keine Früchte.

Während der Wachstumsphase der jungen Bäume müssen unbedingt die Wühlmäuse in Schach gehalten werden, die sonst die Wurzeln abfressen. Das gelingt am besten, indem man ihre natürlichen Fressfeinde anlockt. Günther hat deshalb zwischen den Bäumen Ansitzstangen für Greifvögel wie Turmfalken aufgestellt. Holzkästen und Steinhaufen auf der Wiese bieten Mardern und Mauswieseln Unterschlupf. Füchse sind ebenfalls natürliche Feinde der Wühlmäuse, und Weidetiere tun das Ihrige, weil sie ihre Bauten zertreten.

Statt in der Baumschule neue Pflanzen zu kaufen, kann man auch alte, müde Bäume mit besonders guten Sorten am Leben erhalten, indem man davon kurze, dünne Äste schneidet, sogenannte Edelreiser, und sie auf vorhandenen Bäumen (den »Unterlagen«) anwachsen lässt. Anders als bei der Vermehrung über Samen wird dabei die gesamte Genetik erhalten. Es müssen junge Triebe sein, und es ist wichtig, mit einer möglichst scharfen und ganz sauberen Schere zu arbeiten. Wenn man nicht viel Platz hat, lassen sich auch mehrere Sorten auf verschiedene Äste eines Baumes pfropfen!

Beim Spaziergang mit Günther über die Wiese erfährt man eine Menge spannende Dinge: Walnuss, Kirsche und Apfel sind mit ihrem hohen Stamm von mindestens 1,60 bis 1,80 Meter Werthölzer, die für Furnierarbeiten sehr gefragt sind, um Walnussbäume machen Stechmücken einen großen Bogen, und manche Hauszwetschgenarten vermehren sich über die Wurzeln – es gibt so viel zu lernen!

Und wer keinen Platz hat, um einen Baum zu pflanzen? Der adoptiert einen und kauft lokale Produkte, um auf diese Weise die Vielfalt auf den Wiesen zu erhalten.

Quitten-Chutney

Auf die Quitte sind wir durch einen Besuch des Quittenpfads in Franken im Maintal aufmerksam geworden, erzählt Günther. Wir waren so begeistert, dass wir Setzlinge von ganz alten Quittensorten mitgenommen und bei uns im Garten gepflanzt haben. Mittlerweile freuen wir uns jeden Herbst auf die Ernte! Am liebsten machen wir daraus Chutney. Von süß bis salzig kommen hier so viele Aromen zusammen, die mit ihrem Herbstgeschmack so richtig Feuer bringen – großartig zu Wildschweinbraten! Anfänglich haben wir noch mit Curry gearbeitet, aber Farbe und Geschmack gefielen uns nicht so richtig. Jetzt ist »weniger drin«, der Geschmack aber umso ausgeprägter und direkter: Quitten ganz ungeschminkt, genau wie es zur Scheunenwirtin passt. Den restlichen Sud bitte nicht wegkippen! Das ist ein wunderbares herbstliches Getränk.

VEGETARISCH | GLUTENFREI

1 große Schüssel Wasser
½ Zitrone, Saft .... zum Wasser geben
4 große Quitten .... schälen, dabei immer wieder ins Wasser tauchen, damit sie nicht braun werden, halbieren

750 ml Weißwein
1 Stange Zimt
5 Nelken
1 TL Koriandersamen
4 Kardamomkapseln
1 walnussgroßes Stück frischer Ingwer
2 Lorbeerblätter
1 Prise Chilipulver
1 TL Salz
200 g Zucker .... alles in einem Topf aufkochen und die Quitten darin köcheln, bis sie weich sind, dann die Quitten herausnehmen und das Fruchtfleisch mit einem Messer vom Kerngehäuse lösen, den Sud durch ein Sieb passieren
50 ml Apfelessig .... mit der Hälfte der Quitten pürieren, dabei immer wieder Sud zugeben, bis die gewünschte Konsistenz erreicht ist, die andere Hälfte hacken und mit dem Püree mischen
1 Schalotte .... schälen, fein würfeln
1 TL Butter .... andünsten, zum Chutney geben – genießen

Gebratener Radicchio mit Laugenknödel, Walnuss und Parmesan

Laugengebäck vom Vortag lässt sich nicht gut aufbacken, es wird schnell trocken. Aber man kann es für Schwäbische Laugenknödel verwenden, im O-Ton: »Brezzgaknedel« - die selbstverständlich auch zu anderem Gemüse, Fleisch oder Pilzen gut schmecken.

4 BIS 6 PORTIONEN | VEGETARISCH

FÜR DIE LAUGENKNÖDEL

5 Brezeln oder Laugenstangen	klein schneiden und in eine Schüssel geben
500 ml Milch	
Muskatnuss, gerieben	
½ TL Salz	in einem Topf erhitzen, über die Brezeln gießen
1 Bund glatte Petersilie	waschen, trocknen, Blätter hacken und zugeben
1 Zwiebel	schälen und fein würfeln
50 g Butter	glasig dünsten, zur Knödelmasse geben, kalt werden lassen
4 Eier	
Semmelbrösel (evtl.)	Eier mit den Händen untermischen und etwas kneten, wenn die Masse sehr nass ist, etwas Semmelbrösel zugeben. Dann runde Knödel formen und in leicht sprudelndem Salzwasser 15 bis 20 Minuten ziehen lassen, herausnehmen und warm stellen

FÜR DEN RADICCHIO

3 Köpfe Radicchio	länglichen Trevisano halbieren, runde Köpfe vierteln
2 EL Öl	in einer Pfanne erhitzen, Radicchio anbraten
150 g Walnusskerne	zugeben und mitrösten
1 Zitrone, Saft und Zeste	
1 EL Honig	zu Salat und Nüssen geben, schwenken und glasieren
Salz	
Pfeffer	würzen, beiseitestellen

FÜR DIE SAUCE

60 g Butter	in einem Topf aufschäumen
40 g Mehl	einstreuen und kurz ohne Farbe anschwitzen
500 ml Gemüsebrühe	unter Rühren nach und nach zugeben, so dass eine glatte Sauce entsteht, 3 Minuten köcheln
200 ml Sahne	zugeben, kurz aufkochen
Salz	
Pfeffer	
Muskatnuss, gerieben	abschmecken und mit dem Stabmixer schaumig aufschlagen, alles zusammen anrichten
100 g Parmesanspäne	darüberstreuen

Dreierlei Kürbis-Carpaccio

Ob mit drei verschiedenen Kürbissorten - etwa duftendem Muskatkürbis, mildem Butternut und fruchtigem Delicata - oder nur mit einer oder zwei, mit diesem ungewöhnlichen und superleckeren Rezept bringen wir die leuchtende Fülle des Herbstes auf den Teller. Durch den rohen Kürbis - eher ungewöhnlich - kommt der volle Geschmack zum Ausdruck.

JEWEILS 4 BIS 6 PORTIONEN | VEGAN | GLUTENFREI

500 g Muskatkürbis	schälen, entkernen und in hauchdünne Scheiben schneiden
250 ml Weinessig	
250 ml Branntweinessig	
250 g Zucker	
1 Sternanis	
1 Zimtstange	
3 Nelken	
2 Kardamomkapseln	Gewürze grob mörsern und alles zusammen aufkochen. Kochenden Sud über den Kürbis gießen, über Nacht ziehen lassen
500 g Butternutkürbis	waschen, schälen, aushöhlen und in hauchdünne Scheiben schneiden
1 daumengroßes Stück Ingwer	
1 Knoblauchzehe	schälen und fein würfeln
2 EL Currypulver	
rote Chili gehackt (nach Belieben)	
½ EL Öl	anschwitzen
500 ml Apfelsaft	
500 ml Orangensaft	ablöschen, aufkochen und den kochenden Sud über den Kürbis geben
Salz	
Pfeffer	
Zucker	abschmecken und möglichst über Nacht ziehen lassen
500 g Delicatakürbis	waschen, entkernen und in hauchdünne Scheiben schneiden
150 ml Balsamicoessig	
100 ml Sonnenblumenöl	
1 EL Tamari-Sojasauce	
1 EL Senf	mischen
frische Kräuter	
(Petersilie, Estragon, Minze)	waschen, hacken, zum Dressing geben
Salz	
Pfeffer	würzen und mit dem Kürbis mischen. Diese Variante muss nicht mehr ziehen, alles auf Platten oder Teller dekorativ anrichten
Kürbiskernöl	
geröstete Kürbiskerne	nach Belieben darübergeben

Geröstete Petersilienwurzel mit Linsenmus

Ein supervollwertiges, gesundes Gericht, in dem eine ganze Nährstofftabelle wunderbar geschmackvoll verpackt ist. Die Petersilienwurzel ist ein meist verkanntes, phänomenales Wurzelgemüse, das sich zu vielerlei Gerichten verarbeiten lässt. Sie bringt uns vom Herbst durch den Winter bis zum Frühling.

4 BIS 6 PORTIONEN | VEGAN | GLUTENFREI

FÜR DAS LINSENMUS

200 g Alblinsen	waschen, in wenig Wasser kochen
150 ml Kokosmilch	nach 10 Minuten hinzufügen und weiter köcheln, bis die Linsen weich sind, dann 2 EL davon aus dem Topf nehmen und beiseitestellen
1 Zwiebel *2 bis 3 cm frischen Ingwer* *1 Knoblauchzehe*	schälen und fein würfeln
1 TL Kurkuma *1 TL Garam Masala* *1 Prise Zimt* *1 Prise Salz* *5 EL Kokosöl*	mit den Gewürzen im Öl anbraten, die Zwiebel-Gewürzmischung zu den Linsen in den Topf geben, einmal aufkochen und im Mixer pürieren
Salz *1 Zitrone, Saft*	die ganzen Linsen zum Mus geben und das Linsenmus abschmecken

FÜR DIE PETERSILIENWURZELN

6 Petersilienwurzeln	waschen, bürsten, schälen und längs halbieren, Ofen auf 180 °C vorheizen
2 EL Öl *1 EL Zucker oder Ahornsirup* *1 TL Salz* *1 TL Tamari-Sojasauce*	mischen, die Wurzeln damit einreiben, auf ein Backblech legen und 15 Minuten backen, bis sie leicht karamellisieren, mit dem Linsenmus als Dip anrichten. Sehr schön sieht auch Gemüsegrün, z. B. Rote-Bete-Blätter, dazu aus, das man am Ende ganz kurz mitbäckt

Luxuszipfel mit Nüssen

Warum Luxuszipfel? Ganz einfach! Am Ende sehen sie aus wie kleine Zipfel, und die Nüsse sorgen für den Luxus auf dem Teller. Das ist typisch Scheunenwirtin: einfachen traditionellen Rezepten, wie hier der Schupfnudel, gibt sie einen ungewöhnlichen Kick. Für die vegane Variante die Eier durch Sojamehl ersetzen: 1 EL Sojamehl (mit ½ EL Wasser angerührt) entspricht einem Ei. So oder so: diese Luxuszipfel passen gut zu Salat, Gemüse oder Fleisch.

4 BIS 6 PORTIONEN | OPTIONAL VEGAN

1,5 kg Kartoffeln	in der Schale kochen, noch warm schälen und durch eine Kartoffelpresse drücken – unbedingt ein oder zwei Tage vorher erledigen, keine frischen Kartoffeln nehmen!
700 g Mehl	
Muskatnuss, gerieben	
1 EL Salz	unter die Kartoffeln mischen
4 Eier	nacheinander zu den Kartoffeln geben und mit den Händen verkneten, bis der Teig nicht mehr an den Händen klebt. Je nach Bedarf noch etwas Mehl oder Wasser hinzufügen, 1 Stunde ruhen lassen, dann fingerdicke Zipfel rollen, Ofen auf 180 °C vorheizen
60 g Paranüsse	
60 g Walnusskerne	grob hacken und in der Pfanne ohne Öl leicht anrösten
Salz	würzen
1 Schuss Sonnenblumenöl	auf einem Blech verteilen und die Nüsse darauf schütten, die Zipfel darin wälzen, so dass sie rundherum mit Öl und Nüssen bedeckt sind, und im Ofen 15 Minuten richtig schön kross und knusprig backen

Brotbällchen mit Pfifferlingen

Das ist eine mediterrane Variante aus der Brotverwertungsküche, statt mit Pfifferlingen schmecken die Bällchen auch sehr gut mit einer dicken Tomatensauce oder einfach zu einem Salat.

4 BIS 6 PORTIONEN | VEGETARISCH

200 g Brot vom Vortag	in kleine Würfel schneiden, den Ofen auf 180 °C vorheizen
½ Bund glatte Petersilie	waschen, trocknen, die Blätter hacken
3 Eier	
2 EL Pecorino, gerieben	
½ Knoblauchzehe, gepresst	
50 ml Olivenöl	
¼ TL Backpulver	alles mit dem Brot gut verkneten
Salz	
Pfeffer	abschmecken, mit feuchten Händen 12 Bällchen formen, auf ein mit Backpapier ausgelegtes Blech setzen und im vorgeheizten Ofen 15 Minuten backen
400 g Pfifferlinge	putzen
1 Schalotte	schälen und fein würfeln
100 g Butter	Schalotte glasig dünsten, dann die Pilze zugeben und mehrmals gut durchschwenken
Salz	
½ Zitrone, Saft	würzen
½ Bund Schnittlauch	waschen, trocknen, in feine Röllchen schneiden und dazugeben, Pilze in tiefen Tellern anrichten, Bällchen daraufsetzen
200 g Schmand	in Tupfen darauf verteilen

Pfifferlinge mit Hefeknöpfle

Wenn der Pilzsammler im Sommer und Herbst mit seinen Schätzen am großen Tor hinter der Küche auftaucht, dann gibt es kein langes Diskutieren: »Wenn ich ihm nicht alles abnehme«, sagt Renate, »dann kommt er nicht mehr!« Also gibt es dann Pilze in allen Variationen, in allen Kombinationen, und Hefeknöpfle freuen sich ganz besonders über diese duftenden Begleiter. Die Gemüsejus ergänzt beides auf unbeschwerte Weise.

4 BIS 6 PORTIONEN | VEGETARISCH

FÜR DIE GEMÜSEJUS

3 EL Sonnenblumenöl .... in einem großen Topf erhitzen

2 Zwiebeln mit Schale, geviertelt
2 Knoblauchzehen
1 Bund Suppengrün, gewaschen, geputzt und grob zerkleinert
1 TL Wacholderbeeren
½ TL schwarze Pfefferkörner .... grob zerstoßen

3 Nelken, grob zerstoßen
3 Lorbeerblätter .... alles zugeben und unter Rühren kräftig anrösten

2 EL Tomatenmark
250 ml trockener Rotwein .... untermischen und einkochen, dann so viel kaltes Wasser zugeben, dass alle Zutaten gut bedeckt sind

3 EL Sojasauce
1 TL Zucker
Kräuter nach Geschmack, z.B. Thymian, Petersilie, Salbei, Rosmarin .... die Jus würzen und bei kleiner Flamme etwa 2 Stunden köcheln, dann durch ein feines Sieb passieren und nochmals um die Hälfte einkochen

Salz .... abschmecken; die Jus lässt sich gut vorbereiten und auch einfrieren

FÜR DIE KNÖPFLE

20 g frische Hefe
250 ml Wasser .... lauwarm verrühren
500 g Mehl Typ 405
2 Eier
1 Tl Salz .... alles zu einem glatten Teig verkneten, zugedeckt an einem warmen Ort 45 Minuten ruhen lassen. Einen großen Topf bereitstellen, in den man etwa 5 cm Wasser und ein großes Sieb einhängt; das Sieb mit einem Geschirrtuch auslegen
1 El Öl .... das Tuch etwas fetten, den Teig in das Küchentuch geben, Deckel auflegen und das Wasser zum Kochen bringen, das Knöpfle braucht etwa 20 Minuten, in dieser Zeit darf der Deckel nicht angehoben werden.
600 g Pfifferlinge .... nicht waschen, sondern nur mit Pinsel und kleinem Messer putzen
1 Zwiebel .... schälen und würfeln
100 g Butter .... in einer Pfanne glasig dünsten, Pilze zugeben
Salz .... abschmecken; Knöpfle mit einem Faden in Scheiben schneiden und mit den Pilzen anrichten, die warme Jus darübergießen

Herbsttrompeten mit gebratener Grießschnitte

Herbsttrompeten sind weniger bekannt als Steinpilze oder Trüffel, sie sind aber etwas ganz Besonderes. Die beinahe schwarzen, zarten Pilze widersetzen sich jeglichen züchterischen Ambitionen und leben in enger Symbiose mit Rotbuchen. Sie enthalten viel Vitamin B12 – und lassen sich auch gut getrocknet verwenden, für alle, die – im Gegensatz zur Scheunenwirtin – keinen Rotbuchenwald hinterm Haus haben. Mit dem Aroma der Herbsttrompeten bringt man den ganzen Duft des Herbstwalds auf den Teller, und zusammen mit den Grießschnitten kann es sich so richtig entfalten.

4 BIS 6 PORTIONEN | VEGETARISCH

FÜR DIE GRIESSSCHNITTEN

500 ml Milch	
500 ml Wasser	
Salz	
Muskatnuss, gerieben	aufkochen, Hitze reduzieren
200 g Hartweizengrieß	unter Rühren einrieseln lassen und bei kleinster Hitze zu einem dicken Brei köcheln, dann vom Herd nehmen und zugedeckt 10 Minuten quellen lassen
1 Ei	
100 g Parmesan, gerieben	daruntermischen, 4 cm dick auf ein leicht geöltes Blech streichen, erkalten lassen, dann Ecken schneiden oder Taler ausstechen
2 EL Butter	in einer Pfanne aufschäumen und die Grießschnitten langsam goldgelb braten, warm stellen

FÜR DIE HERBSTTROMPETEN

200 g frische Herbstrompeten	
(oder 30 g getrocknete)	frische Pilze von außen und innen mit einem weichen Pinsel putzen, Stielenden abschneiden, getrocknete Pilze einweichen und gut abtropfen lassen
1 Schalotte	schälen und fein würfeln
30 g Butter	in einer Pfanne erhitzen und Schalotte anschwitzen, Pilze zugeben und unter Schwenken kurz mitbraten
Salz	
Pfeffer	
wenig Zitronensaft	abschmecken
50 ml Sahne	untermischen, kurz aufkochen und mit den Grießschnitten anrichten

Rehragout mit Holunderkompott

Neben den Schäufele (also den Schultern) eignen sich Vorderläufe, Hals oder auch das Rippenfleisch gut für ein Ragout. Das Fleisch von Rücken und Keule hingegen bietet sich eher für kurzes Braten an. Zum Ragout passen vielerlei Beilagen von Kartoffeln über Spätzle bis zu Knöpfle oder Schupfnudeln.

4 BIS 6 PORTIONEN | GLUTENFREI

1 bis 2 Rehschäufele mit Knochen
(ca. 250 g Fleisch/Person) .... auslösen, Sehnen entfernen, das Fleisch walnussgroß würfeln und die Knochen klein hacken

FÜR DIE SAUCE
1 EL Öl .... Knochen und Sehnen anrösten
1 Zwiebel
2 Karotten
¼ Sellerie
1 Pastinake .... waschen, klein schneiden und mit den Knochen weiter rösten
3 EL Tomatenmark
2 EL Hagebuttenmark .... zugeben und unter Rühren karamellisieren
¼ Stange Lauch .... klein schneiden und zugeben
2 Lorbeerblätter
7 Wacholderbeeren
3 Nelken
½ Stange Zimt
1 TL schwarzer Pfeffer, ganz
3 EL Salz .... Gewürze mit Salz im Mixer zerkleinern, die Hälfte der Gewürzmischung zum Saucenansatz geben
½ Flasche Trollinger Rotwein .... ablöschen
2 l Wasser .... auffüllen und leise köchelnd auf die Hälfte reduzieren, durch ein feines Sieb passieren

FÜR DAS RAGOUT
2 EL .... Öl erhitzen, Fleisch anbraten
3 Zwiebeln .... schälen, feinwürfeln und mit andünsten, restliches Gewürzsalz zugeben
½ Flasche Trollinger Rotwein .... ablöschen, mit der Sauce auffüllen, aufkochen lassen und im Ofen bei 160 °C etwa 90 Minuten schmoren, bis das Fleisch weich ist, je nach Fleisch und persönlichem Geschmack auch länger
Salz
Pfeffer .... abschmecken

FÜR DAS KOMPOTT

500 g Holunderbeeren

160 g Zucker .... aufkochen

1 EL Mais- oder Kartoffelstärke ..... mit wenig kaltem Wasser anrühren, ins Kompott einrühren und nochmals kurz aufkochen, zum Ragout servieren

Mostbraten vom Wollschwein mit duftender Gewürzkruste

Ein richtiger Festtagsbraten! Er braucht ein bisschen Vorbereitung, weil das Fleisch vier Tage in der Beize ziehen muss, aber das Warten lohnt sich. Für Nichtschwaben: schwäbischer Most ist kein Saft, sondern Wein aus Äpfeln und/oder Birnen, trockener Cidre oder Poiré ist ein guter Ersatz. Zum Mostbraten passen Knödel, Rüben- und Kürbisgemüse.

4 BIS 6 PORTIONEN

1,5 kg Schweinenacken vom Wollschwein (also keinesfalls zu mager)	in eine entsprechend große Aufbewahrungsdose mit Deckel geben
1 l schwäbischer Most	Fleisch damit bedecken
2 Karotten	
2 Zwiebeln	
½ Stange Lauch	
¼ Sellerie	waschen und in fingerstarke Würfel schneiden
1 TL Senfkörner	
1 TL Pfefferkörner	
1 TL Koriandersamen	
6 Pimentkörner	
6 Wacholderbeeren	
3 Lorbeerblätter	mit dem Gemüse zum Fleisch geben, abgedeckt im Kühlschrank vier Tage ziehen lassen, dann Fleisch herausnehmen und trocken tupfen, Beize durch ein Sieb passieren, Gemüse, Gewürze und Flüssigkeit jeweils auffangen
2 EL Öl	in einem Bräter erhitzen und das Fleisch von allen Seiten kräftig anbraten, dann herausnehmen
2 EL grobes Meersalz	Fleisch von allen Seiten einreiben, beiseitestellen, Ofen auf 160 °C vorheizen
1 kg Schweineknochen vom Wollschwein	im Topf anrösten, das Beizgemüse zugeben und mitrösten
1 EL Tomatenmark	zugeben und mitrösten, Fleisch zurück in den Topf geben und alles mit Mostbeize ablöschen, ggf. Wasser zugeben, bis das Fleisch nahezu bedeckt ist, dann abgedeckt etwa 2 Stunden schmoren. Danach das Fleisch herausnehmen und in Alufolie gewickelt 15 Minuten ruhen lassen, währenddessen Knochen aus der Sauce nehmen, Sauce mit Gemüse pürieren und durch ein Sieb passieren
250 ml Sahne	zugeben
Salz	abschmecken, beiseitestellen, Ofen auf 220 °C aufheizen

FÜR DIE PANADE

2 EL Rohrzucker
1 Stange Zimt
3 Nelken
1 Sternanis .... im Mixer oder Blitzhacker zerkleinern
1 bis 2 große Kaffeetassen
geriebenes Altbrot .... untermischen, den feuchten Mostbraten in der Panade wälzen, auf ein Backgitter legen und im Ofen goldgelb backen, dann in Scheiben schneiden und auf der Sauce anrichten

RUDI RÜSSEL, WÜHLFRIED UND GRABOWSKI:

DIE ETWAS ANDEREN, SEHR GLÜCKLICHEN SCHWEINE

Das Gegrunze und Gequieke könnte kaum fröhlicher klingen, wenn Manfred Wittlinger sein Fahrrad an den kleinen Schuppen lehnt, die Sportschuhe gegen Gummistiefel tauscht und nach dem Eimer mit »Müesli« greift. »Mais-, Gersten- und Weizenschrot, das ist für sie das Höchste«, sagt der sportliche, schlanke Mittsiebziger und wirkt dabei ebenso vergnügt wie die sich um ihn drängelnde Schweineherde. »Das ist jeden Tag der gleiche Ablauf, alle wollen begrüßt werden, sie bekommen ihr Futter, und dann drehen wir eine Runde zusammen.« Seit acht Jahren betreut der Rentner die Tiere, die auf einem anderthalb Hektar großen Areal an der Höllentalstraße am nördlichen Dorfrand von Steinheim am Albuch leben – und sich sichtlich wohl fühlen. Wittlinger kommt kaum mit dem Kraulen nach, verteilt freundliche Klapse auf die braun behaarten Schenkel und verteilt dabei einen Eimer Falläpfel. »Ich nenne sie alle Wühlfried und Grabowski«, erzählt er dabei und lacht leise, »aber manche haben auch eigene Namen, wie Rudi Rüssel, das war ein Sorgenkind, der brauchte besonders viel Zuwendung.«

Der Unterschied zu einem herkömmlichen Schweine-Maststall könnte kaum größer sein – und das schmeckt man: im Griebenschmalz ebenso wie beim nach italienischer Art im Marmorbecken gereiften Lardo und all den Gerichten vom Ragout bis zu den fantastischen Grillstücken. Dies ist Schwein der ganz anderen Art, festes, etwas dunkleres Fleisch mit einer feinen Fettmarmorierung, die es saftig macht. Woran liegt das, was ist hier anders?

Zuerst einmal: die Rasse. Dies sind nicht die rosafarbenen, auf schnelle Gewichtszunahme und mageres Fleisch gezüchteten sogenannten Deutschen Landschweine, sondern Wollschweine. Diese alte Landrasse, auch als Mangalitza bekannt, stammt ursprünglich aus der ungarischen Puszta, einer weiten Steppenlandschaft mit ausgeprägt kontinentalem Klima. Dies sind Tiere, die mit Sommerhitze ebenso gut zurechtkommen wie mit beißender Kälte, Wind und Schnee im Winter. Sie fühlen sich im Freien am wohlsten und sind auf ihren kräftigen Beinen unglaublich behände und schnell. Man erkennt sie, erklärt Wittlinger, an den schwarzen Borsten am Schwanzende, und es gibt drei Grundsorten: die blonden, die roten und die Schwalben, das sind schwarze Tiere mit weißem Bauch. Doch allen wächst von Ende September bis April oder Mai ein Winterfell, das sich bei manchen wie Dauerwellenlocken kringelt. Als zusätzlicher Kälteschutz liegt darunter eine zehn Zentimeter dicke Fettschicht (voller guter Omega-3-Fettsäuren!). Erst wenn das Thermometer unter null Grad sinkt, legen sie sich nachts zum Schlafen eng aneinander in die zwei flachen Holzhütten, die zu ihrem Reich gehören.

Ganz wichtig für die flinken, neugierigen Tiere ist Abwechslung. Die Steinheimer Truppe hat viel Auslauf. Der große Trog vor dem Schuppen ist von einer ausgedehnten Wiese umgeben, neben den beiden Hütten gibt es eine Suhle – »ihr Badetümpel«, lacht Wittlinger –, hinten geht es ziemlich steil den Hang hinauf in den Wald. »Da können sie sich endlos

beschäftigen, jeden Stein umdrehen – und von denen gibt es hier wegen des urhistorischen Meteoriteneinschlags sehr viele! Es könnte ja ein Pilz oder sonst etwas Leckeres darunter zum Vorschein kommen ... Wenn es heiß ist, liegen sie nach dem Fressen in den kühlen Bodenmulden.«

Wittlinger hat sich intensiv mit den Eigenarten »seiner« Schweine beschäftigt, und auf der Alb nennen sie ihn auch den Wollschweinflüsterer. Über eine Stunde verbringt er jeden Morgen und Abend hier oben am Waldrand, im Urlaub organisiert er eine Vertretung: »Die merken sich genau, wie sie behandelt werden, und sind unheimlich dankbar.« Als im Frühjahr kleinere Tiere aus einem anderen Betrieb zur Herde kamen und auffallend fremdelten, brachte er die Neuankömmlinge im Zuge der »Familienzusammenführung« jeden Abend mit seiner Frau im Schuppen »ins Bett«. In den acht Jahren habe er noch nie einen Tierarzt gebraucht, anders als bei der Massenstallhaltung heile ein vertretener Fuß oder eine Magenverstimmung von allein wieder.

Die richtige Fütterung spielt eine maßgebliche Rolle für die Fleischqualität. Neben dem Getreideschrot bekommen Wühlfried und Grabowski – und natürlich Rudi Rüssel – frisches Kleegras, das viel Eiweiß enthält, und Fallobst. Das bringen die Steinheimer vorbei, weil sie sich freuen, dass es hier verwertet wird. »Anfangs«, berichtet Wittlinger, »haben sie verdorbene Küchenabfälle über den Zaun geworfen, das mussten sie erst lernen, aber jetzt funktioniert es ganz gut, und die Schweine sind eine echte Attraktion, da kommen immer wieder Kindergärten und Schulklassen.« Als besonderen Leckerbissen pflückt er auf der Morgenrunde ein paar Buchenzweige, rationiert aber ansonsten das Futter etwas, das sei wichtig, weil die Tiere sonst müde und faul würden und sich nicht mehr bewegten. »In den normalen Mastställen wird in sechs Monaten auf 120 kg gemästet, hier braucht es anderthalb Jahre: sie müssen langsam wachsen!«

Wittlinger weiß genau, wovon er spricht. Er war über 50 Jahre als Metzgermeister tätig und hat zusammen mit seinem Bruder die Rathaus-Metzgerei in Steinheim geführt. Seit 2005 liegt die Leitung des 1954 gegründeten Familienbetriebs, wo bis heute unter einem Dach selbst geschlachtet, verarbeitet und verkauft wird, in den Händen von Wittlingers Neffen Markus. Der favorisiert auch lokales Angusrind, kennt sich mit dem Dry-Aged-Verfahren bestens aus, hat Kontakt zu Bisonzüchtern und bekommt einmal im Jahr ein Heckrind, einen rückgezüchteten Auerochsen aus Ellwangen (»Megafleisch«, strahlt die Scheunenwirtin.) Vor acht Jahren kam er mit einem seiner Landwirte auf die Idee, Wollschweine zu züchten. Dem Onkel war es im Ruhestand sowieso zu langweilig, der brauchte eine Aufgabe ... Heute sagt er, er sei hier gespalten. Einerseits sei er eben Metzgermeister, habe immer selbst geschlachtet, da habe Sentimentalität keinen Platz. Andererseits sei ihm ein sauberer Abtransport zum Schlachten schon sehr wichtig. Er erzählt, wie die anderen Tiere dann häufig in Trauer verfielen und eine Zeitlang nicht fressen, und es ist ganz offensichtlich, dass er mittrauert um Wühlfried und Grabowski – sich aber gleichzeitig über das Spitzenfleisch freut. Was wiederum die Scheunenwirtin und ihre Gäste freut.

Ringelsocke und andere Bete als Carpaccio

Dieses Rezept sorgt immer wieder für Begeisterung, dabei ist der Aufwand minimal. Hier zeigt die Herbsternte ihre schönsten Farben und ihre ganze Vielfalt. Bei diesem Rezept bleibt die Küche kalt. Die Natur ist die beste Malerin! Bete lassen sich außerdem den ganzen Winter über lagern und machen die grauen Tage bunter.

4 BIS 6 PORTIONEN | VEGAN | GLUTENFREI

3 verschiedene Bete
(geringelt, rot, gelb) .... waschen und in hauchdünne Scheiben schneiden oder hobeln, die roten dabei separat halten, weil sie stark abfärben, auf Tellern anrichten
1 rote Zwiebel .... schälen, ebenfalls in dünne Streifen schneiden, auf den Beten verteilen
1 Orange, Abrieb und Saft
3 EL Olivenöl
1 EL Apfelessig
1 TL Ahornsirup .... zu einem Dressing rühren
Salz
Pfeffer .... abschmecken, das Dressing kurz vor dem Servieren über dem Carpaccio verteilen
frische Kräuter .... nach Lust und Laune darüberstreuen

Bunter Linsensalat

Die Alblinse, sagt Renate, gehört für uns auf der Schwäbischen Alb dazu, wie die Luft zum Leben. Da wir aber selbst auf der Alb mittlerweile über den Tellerrand schauen und die Welt sich kulinarisch immer mehr vermischt, machen wir unseren Linsensalat aus verschiedenen Sorten und zeigen so die bunte Vielfalt des Lebens. Ein Tipp: Frischen Liebstöckel im Frühjahr sammeln, trocknen lassen und mit Salz mischen. So hat man den Liebstöckel zu jeder Jahreszeit parat, denn es ist das perfekte Gewürz.

PARTYREZEPT FÜR 10 PORTIONEN | VEGAN | GLUTENFREI

750 g Mischung aus
dreierlei Linsen .... heiß abwaschen und jede Linsensorte einzeln weich kochen
2 Karotten .... schälen und fein würfeln
1 rote Paprika
1 gelbe Paprika
1 hellgrüne Paprika .... waschen, putzen und wie die Möhre würfeln
1 gelbe Zwiebel
1 rote Zwiebel .... schälen und in dünne Scheiben schneiden
1 Handvoll frische Kräuter
nach Wahl (z. B. Petersilie)
1 Chili
(je nach Schärfe entkernen) .... beides waschen, fein hacken und zu den Linsen geben
1 große Prise Liebstöckelsalz
7 EL Öl (z. B. Olivenöl)
3 EL Rotweinessig
Salz
Pfeffer .... den Salat damit anmachen und abschmecken

Grießschnitten mit Vanillebirnen

Grießbrei war das Lieblingsessen meines Vaters, erzählt Renate, und Grießschnitten waren früher bei uns zu Hause gang und gäbe und dieses Rezept ist für mich mit so vielen Erinnerungen verbunden. Ein Wort zu altem Brot: auf keinen Fall wegwerfen! Bei uns schneidet Oma Lore das in kleine Stücke, lässt es im Holzbackofen trocknen und reibt es dann im Mixer zu Semmelbröseln. Ob für Schupfnudeln, Knödel oder ganz einfach in Butter mit Salz oder Zucker angebraten als Topping, es gibt immer eine gute Verwendung dafür.

4 BIS 6 PORTIONEN | VEGETARISCH

FÜR DIE GRIESSSCHNITTEN

1 l Milch .... aufkochen lassen, eine Auflaufform einfetten und mit Backpapier auslegen

230 g Grieß .... unter ständigem Rühren mit dem Schneebesen in die Milch einrieseln lassen, bis der Brei andickt, vom Feuer nehmen

2 Eier
50 g Zucker .... unter den Grieß mischen und den Brei in der Form etwa 3 cm hoch verstreichen, kalt stellen

FÜR DAS KOMPOTT

500 ml Wasser
500 ml Weißwein
500 g Zucker
1 Vanillestange .... zum Kochen bringen und 10 Minuten köcheln lassen

6 Birnen .... schälen, halbieren und entkernen

Schale von einer Limette .... mit den Birnen in den Vanillesud geben und köcheln, bis die Birnen weich sind, währenddessen die Grießmasse aus der Auflaufform stürzen und in Dreiecke schneiden

2 Eier .... in einem tiefen Teller mit der Gabel verquirlen

150 g Semmelbrösel .... ebenfalls in einem tiefen Teller bereitstellen, die Grießschnitten zuerst im Ei und dann in den Bröseln wälzen

20 g Butter
20 g Sonnenblumenöl .... in einer Pfanne erhitzen und die Grießschnitten goldgelb braten, mit den Birnen servieren

Buchteln mit Hauszwetschgenröster

Ich liebe es, mit Hefeteig zu arbeiten, sagt Renate. Dieser Duft schon aus dem Ofen! Für die Buchteln machen wir den feinsten und luftigsten Hefeteig, und füllen lassen sie sich mit all dem Obst, das die Natur gerade hervorbringt. Die saftigen, süßen und gleichzeitig sauren Zwetschgen sind allerdings der Klassiker. Wir backen die Buchteln häufig im Holzofen, wenn er nach dem Brotbacken gerade noch genügend Restwärme hat.

FÜR 12 BUCHTELN | VEGETARISCH

100 ml Milch
20 g Hefe
2 Eier
60 g Zucker
1 Prise Salz .... in einer Schüssel mit dem Schneebesen mischen
450 g Mehl .... in einer separaten Schüssel abwiegen und die Milch-Hefe-Mischung dazugeben, alles gut verrühren, mit einem Tuch abdecken und an einem warmen Ort 1 Stunde gehen lassen

1 kg Zwetschgen .... waschen, entsteinen und halbieren
200 g Zucker (oder auch weniger, je nach gewünschter Süße)
1 Zimtstange
1 Sternanis
2 Kardamomkapseln
500 ml Rotwein .... mit den Zwetschgen in einen Topf geben, aufkochen und 10 Minuten köcheln lassen, dann die Zwetschgen mit einem Sieb herausnehmen, zur Seite stellen und den Sud weiter einkochen, so werden die Zwetschgen nicht zu weich, der Sud aber noch aromatischer

20 g Butter .... eine Form einfetten, Ofen auf 180 °C vorheizen
12 Zwetschgen .... waschen und entsteinen, den aufgegangenen Teig in 12 Teile abstechen und mit bemehlten Händen zu etwa 10 × 10 cm großen Fladen formen, anschließend je eine Zwetschge in die Mitte setzen und die Fladen zu Buchteln zusammendrücken, nebeneinander in die Form setzen
etwas Milch .... Buchteln damit bepinseln, 10 Minuten ruhen lassen, dann 30 Minuten backen, bis sie aufgegangen und goldbraun sind
Puderzucker .... die Buchteln bestäuben, die Zwetschgen wieder in den Sud geben und dazu servieren

Zwetschgen-Eis

Ein farbig leuchtendes Eis, das an Kremigkeit und Aroma kaum zu übertreffen ist, durch die feine Säure aber auch sehr erfrischend schmeckt. Es lässt sich sehr gut mit gefrorenen oder eingelegten Zwetschgen zubereiten, macht pur viel Eindruck oder auch mit kleinen Baisers (Mini-Pavlovas!) oder Walnusskeksen.

4 BIS 6 PORTIONEN | VEGAN | GLUTENFREI

1,2 kg Zwetschgen .... waschen und entsteinen, beiseitestellen

200 ml Rotwein
½ Zimtstange
3 Nelken
1 Zitronenscheibe
½ Vanillestange
400 g Zucker
40 g Mais- oder Kartoffelstärke ..... in einem Topf unter gelegentlichem Rühren zum Kochen bringen, wenn der Sud Fäden zieht, die Zwetschgen zugeben, nochmals aufkochen und dann das Kompott abkühlen lassen, im Mixer fein pürieren und in der Eismaschine frieren – oder in einem flachen Behälter, in diesem Fall immer wieder rühren, damit das Eis trotzdem möglichst geschmeidig wird

Gerührter Hefegugelhupf

Ein echter Klassiker, der keinerlei Modernisierung bedarf. Schmeckt frisch am allerbesten - nicht zu lange backen, damit er schön saftig bleibt. Weil der Teig nur wenig Zucker enthält, hat der Puderzucker nicht nur einen optischen Effekt.

VEGETARISCH

130 g Rosinen	
1 EL Rum	einweichen
250ml Milch, lauwarm	
20 g Zucker	mischen
30 g Hefe	hineinbröckeln und unter Rühren auflösen, 5 Minuten stehen lassen
20 g weiche Butter	Gugelhupf-Form einfetten (24 cm ⌀)
40 g Mandelblättchen	auf den Boden der Form streuen
160 g weiche Butter	
100 g Zucker	schaumig schlagen
5 Eier	nacheinander gut unterrühren
500 g Mehl, gesiebt	
½ Zitrone, Schale	mit der Hefemilch zur Eimasse geben und alles zu einem geschmeidigen Teig mischen, die Rosinen mit etwas Mehl bestäuben und vorsichtig unter den Teig ziehen, dann den Teig in die Form geben und an einem warmen Ort 1 bis 1,5 Stunden gehen lassen, bis sich das Volumen etwa verdoppelt hat, Ofen auf 180 °C vorheizen. Gugelhupf ca. 45 Minuten backen, gegen Ende evtl. abdecken, damit er nicht zu dunkel wird
Puderzucker	nach dem Abkühlen kräftig bestäuben

WINTER

Hummus in Variationen

Es gibt beileibe nicht nur Spätzle auf der Schwäbischen Alb! Und schon gar nicht bei der Scheunenwirtin, denn da steht immer auch eine Schüssel Hummus bereit. Mit geröstetem Brot, Gemüsesticks oder gekochten Kartoffeln landet im Handumdrehen ein feiner Snack auf dem Tisch. Kichererbsen aus der Dose sind natürlich bequem, aber im Geschmack nicht mit den selbstgekochten zu vergleichen, sagt Renate. Und Tomaten und Bärlauch sind nur zwei von vielen anderen Variationen – alle möglichen Kräuter, ob frisch, getrocknet oder als Pesto, geröstete Nüsse, eingelegte Paprika ... So vieles eignet sich.

4 BIS 6 PORTIONEN | VEGAN | GLUTENFREI

200 g Kichererbsen	in reichlich warmem Wasser mindestens 12 Stunden einweichen, dann das Wasser abschütten und die Kichererbsen abspülen, in einem Topf mit frischem Wasser gut bedecken
½ TL Hirschhornsalz	
Salz	zugeben, zum Kochen bringen und 30 Minuten köcheln lassen, ggf. mehr Wasser zugeben, vor dem Abschütten weitere 30 Minuten ziehen lassen, die Kichererbsen mit kaltem Wasser abspülen
Alternative:	
1 Dose Kichererbsen,	
260 g Abtropfgewicht	
2 TL Salz	
1 Knoblauchzehe	schälen und hacken
2 EL Tahini	
1 Zitrone, Saft	
1 EL Wasser	
1 Chili	putzen und hacken
2 EL Olivenöl	mit den Kichererbsen im Mixer pürieren, bis die Masse kremig ist, eventuell mehr Kochwasser zugeben

Filderkrautsalat mit Schafskäse

Schafe werden auf der Alb vor allem wegen ihrer Wolle und ihres Fleisches gehalten, aber sie sind auch wichtig für die Erhaltung der landschaftsprägenden Wacholderwiesen. Inzwischen spielt außerdem der Schafskäse in der Küche eine Rolle. Filderkraut ist eine ganz besonders feine Spitzkohlart, die von den Fildern bei Stuttgart stammt, und der Salat schmeckt am besten, wenn er zwei oder drei Tage ziehen kann.

4 BIS 6 PORTIONEN | VEGETARISCH | GLUTENFREI

600 g Filderkraut/Spitzkohl .... waschen und putzen, auf dem Krauthobel oder mit dem Messer fein schneiden

1 TL Salz
1 Prise Kreuzkümmel, gemahlen .. würzen und das Kraut mit den Händen kneten und stampfen

2 EL Apfelessig
2 EL Rapsöl
1 EL Agavendicksaft
1 TL Salz
Pfeffer .... zur Marinade rühren und zum Kraut geben, noch einmal gut mischen und mindestens 30 Minuten ziehen lassen

100 g Haselnüsse .... grob hacken, in einer Pfanne ohne Öl erhitzen
2 EL brauner Zucker .... zugeben, die Nüsse karamellisieren, auf einem Teller auskühlen lassen

1 Bund glatte Petersilie
2 Stängel Majoran
3 Stängel Thymian .... waschen, trocken tupfen und die Blättchen von den Stängeln zupfen

3 EL Olivenöl
1 Prise Salz .... zu einem Kräuteröl mixen
200 g frischer Schafskäse .... mit dem Krautsalat anrichten, das Kräuteröl darüberlöffeln und die Haselnüsse über den Salat streuen

Spitzkohlrouladen

Ob von den Fildern oder nicht, Spitzkohl ist in Geschmack und Textur zarter als gewöhnlicher Weißkohl. Er lässt sich auch hervorragend zu Sauerkraut verarbeiten, oder einfach halbiert oder geviertelt mit etwas Butter oder Olivenöl im Ofen garen. Rouladen sind ein bisschen aufwendiger, lassen sich aber prima vorbereiten.

4 BIS 6 PORTIONEN | VEGAN

FÜR DIE FÜLLUNG

800 g Soja-Hack	15 Minuten in Wasser einweichen, dann in einem Tuch gut ausdrücken
2 Karotten	
½ Knollensellerie	
1 Zwiebel	schälen und fein würfeln
1 altbackenes Brötchen	in Wasser einweichen, gut ausdrücken und in kleine Stücke reißen, beiseitestellen
2 EL Öl	in einer Pfanne erhitzen, das Hack scharf anbraten, Gemüse zugeben und mitbraten
2 EL Tomatenmark	
2 EL scharfer Senf	zugeben
Salz	
Pfeffer	kräftig abschmecken, vom Herd nehmen, das Brötchen untermischen

FÜR DIE ROULADEN

1 bis 2 Köpfe Spitzkohl	es sollten sich 12 Blätter lösen lassen, dafür einen großen Topf Wasser zum Kochen bringen, den Kohl rund um den Struck mit einem Messer leicht einschneiden und mit der Struckseite auf eine lange Gabel (Fleischgabel) stecken. Dann im heißen Wasser drehen, so dass sich die Blätter lösen (Kochwasser aufheben!), Blätter ausbreiten und trocken tupfen, die Füllung darauf verteilen und verstreichen, dabei seitlich jeweils etwas Platz lassen. Kohl zuerst von unten über die Füllung klappen, dann die Seiten einklappen und die Blätter von unten aufrollen, Ofen auf 180 °C vorheizen
3 EL Öl	in einer großen Pfanne erhitzen, Rouladen von beiden Seiten anbraten, dann in einen Bräter setzen, Bratensatz in der Pfanne mit 500 ml Kochwasser vom Kohl ablöschen, 2 Minuten köcheln lassen und zu den Rouladen gießen. Sie sollten etwa halb bedeckt sein, damit sie nicht trocken werden, 1 bis 1,5 Stunden schmoren, dabei einmal wenden

FÜR DIE SAUCE

3 EL Öl	in einer großen Pfanne erhitzen, restlichen Kohl in Stücke schneiden und dunkelbraun anbraten
Pfeffer	würzen
4 EL Tomatenmark	zugeben, kurz mitbraten, mit 1,5 l Kochwasser vom Kohl auffüllen und 1 Stunde bei niedriger Hitze einkochen
	Wenn die Rouladen fertig sind, aus der Form nehmen und warm halten, den Bratensatz zur Sauce geben, die Sauce durch ein Sieb gießen und gut ausdrücken
2 EL Kartoffelstärke	mit etwas kaltem Wasser anrühren, unter Rühren zur Sauce gießen und diese ebenfalls unter Rühren aufkochen, Rouladen anrichten und die Sauce darüber verteilen

Schwäbischer Linseneintopf

Meine Großeltern haben noch Linsen angebaut, erzählt Renate, aber die alten Linsensorten gibt es erst wieder seit Mitte der 1980er auf der Alb, sie werden von der Erzeugergemeinschaft »Albleisa« vermarktet (und online angeboten). Sie behalten immer einen schönen Biss.

4 BIS 6 PORTIONEN | VEGAN

1 Lorbeerblatt	
2 Nelken	
3 Pimentkörner	
1 TL schwarze Pfefferkörner	in ein Gewürzsäckchen oder Tee-Ei geben
100 g Albleisa marmoriert	
100 g Albleisa »die Große«	
100 g Albleisa »die Kleine«	
1 l Wasser	in einem hohen Topf mit den Gewürzen 15 Minuten leise köchelnd vorgaren
4 Möhren	waschen, schälen
¼ Stange Lauch (heller Teil)	waschen, putzen
¼ Staudensellerie	waschen, alles Gemüse in kleine Stücke schneiden
3 EL Öl	in einer Pfanne das Gemüse anschwitzen
1 l Gemüsebrühe	mit dem Gemüse zu den Linsen gießen, Gewürze entfernen, den Eintopf weiter köcheln, bis die Linsen weich sind
4 EL Öl	
2 EL Mehl	in einem kleinen Topf mischen und bei hoher Hitze unter ständigem Rühren goldbraun »abbrennen«, dann die Einbrenne sofort in eine Schüssel geben und löffelweise nach und nach in den Eintopf rühren und immer wieder aufkochen, bis die gewünschte Konsistenz erreicht ist
Salz	
Pfeffer	
Balsamico	erst jetzt abschmecken

Geschmälzte Brotsuppe

Mit gutem Brot und einer ordentlichen Brühe ist das eine sehr einfache, aber ausgesprochen leckere Suppe. Natürlich kann man auch Instantbrühe nehmen, jedoch ist es nachhaltiger, Siedfleisch und Knochen zu nutzen – Vegetarier nehmen Suppengrün! Die Brühe kann im Voraus zubereitet und eingefroren werden.

4 BIS 6 PORTIONEN | VEGETARISCH

1 kg Rinderknochen	
500 g Siedfleisch vom Rind	waschen
1 EL Öl	in einem großen Topf erhitzen
2 Zwiebeln	halbieren und Schnittstellen anbräunen
5 l Wasser	
3 EL Salz	
Muskatnuss, gerieben	
2 Lorbeerblätter	
5 Pimentkörner	zusammen mit Knochen und Fleisch zu den Zwiebeln geben, die Brühe zum Köcheln bringen und dabei immer wieder mit einem Schaumlöffel abschäumen
400 g Suppengrün (Möhren, Sellerie, Lauch, Petersilienwurzel und etwas Liebstöckel)	würfeln und zugeben, wenn kein Schaum mehr aufsteigt, köcheln lassen, bis das Fleisch weich ist, dann das Fleisch herausnehmen (für einen Eintopf verwenden) und die Brühe durch ein feines Sieb oder Tuch passieren
3 Scheiben Bauernbrot	in Stücke reißen
1 EL Öl	in einer Pfanne erhitzen, das Brot anrösten, in Tellern anrichten
2 Zwiebeln	schälen und fein würfeln
100 g Butter	anbraten, Brot mit der heißen Brühe übergießen und die Zwiebelschmälze auf der Suppe verteilen

Käsesuppe Via Aurelia

Diese schaumige Käsesuppe kann natürlich auch mit jedem anderen Hartkäse zubereitet werden. Doch ist der »Via Aurelia« von der Dorfkäserei Geifertshofen in Hohenlohe etwas ganz Besonderes, ein 18 Monate gereifter Hartkäse aus bester regionaler Heumilch nach Vorbild des Schweizer Sbrinz. Die Suppe lebt von ihren wenigen Zutaten und stellt den Käse ganz in den Vordergrund – etwas stärker abgebunden passt sie auch hervorragend zu den Laugenknödeln (Seite 151).

4 BIS 6 PORTIONEN | VEGETARISCH

1 Schalotte .... schälen und fein würfeln
50 g Butter .... glasig dünsten
35 g Mehl .... darüberstäuben
1 l Geflügelbrühe .... ablöschen und unter Rühren aufkochen
300 ml Sahne
100 ml Weißwein .... zugeben, nochmals aufkochen, optional mit dem Stabmixer schaumig schlagen
150 g Via Aurelia (oder Sbrinz) ..... reiben und unterquirlen
Salz .... abschmecken und beim Servieren eventuell mit einigen Käsespänen bestreuen

Spätzle in Variationen

Spätzle sind ein urschwäbisches Gericht, und es gibt sie in den verschiedensten Variationen. Ob mit einer Semmelbröselschmelze oder einfach nur mit einer Butterflocke verfeinert, dürfen sie bei keinem Sonntagsbraten fehlen. Aber auch als eigenständiges Gericht oder Suppeneinlage sind Spätzle hervorragend.

4 BIS 6 PORTIONEN

Eierspätzle

400 g Mehl Typ 405
4 Eier
100 ml Wasser, lauwarm
½ TL Salz
Muskatnuss, gerieben .... alle Zutaten in einer Schüssel zu einem zähen Teig schlagen, der zum Schluss Blasen bilden soll. In einem großen Topf reichlich Salzwasser erhitzen, mit der Spätzle- oder Kartoffelpresse den Teig portionsweise ins siedende Wasser pressen (je höher man die Presse über den Topf hält, um so dünner werden die Spätzle). Die Spätzle sind fertig, wenn sie oben schwimmen und das Wasser wieder richtig siedet, dann abtropfen lassen und entweder direkt servieren oder in kaltem Wasser abschrecken und später nochmals erhitzen

Spinatspätzle

500 g frischer Spinat .... waschen
70 g Butter .... in einer Pfanne zergehen lassen, Spinat dazugeben, zusammenfallen und abkühlen lassen
4 Eier .... mit dem Spinat pürieren und durch ein Sieb drücken
400 g Mehl Typ 405
1 TL Salz
Muskatnuss, gerieben .... mit der Eier-Spinatmasse weiter wie oben verarbeiten

Leberspätzle

300 g Leber	Silberhäutchen und Adern entfernen, waschen und in Streifen schneiden
3 Eier	
1 EL frische Majoranblätter	mit der Leber pürieren und durch ein Sieb drücken
300 g Mehl Typ 405	
1 TL Salz	
Pfeffer	
1 Prise Muskatnuss, gerieben	mit der Eier-Lebermasse wie oben weiter verarbeiten

Bunte Möhren mit Spinatspätzle und Sesambutter

Gelbe Rüben sehen von der Form her aus wie gelbe Möhren. Geschmacklich sind sie aber etwas intensiver als Möhren, und sie haben ein sehr feines Aroma. Besonders gern werden sie in der traditionellen Wiener Küche verwendet. Die violette Urkarotte (z. B. Black Nebula oder die schwarze Spanische) bringt einen leicht erdigen Geschmack und natürlich Farbe auf den Teller.

4 BIS 6 PORTIONEN | VEGETARISCH

500 g frischer Spinat	waschen
70 g Butter	in einer Pfanne zergehen lassen, Spinat dazugeben, zusammenfallen und abkühlen lassen
4 Eier	mit dem Spinat pürieren und durch ein Sieb drücken
400 g Mehl Typ 405	
1 TL Salz	
Muskatnuss, gerieben	mit der Eier-Spinatmasse in einer Schüssel zu einem zähen Teig schlagen, der zum Schluss Blasen bilden soll, in einem großen Topf reichlich Salzwasser erhitzen, mit der Spätzle- oder Kartoffelpresse den Teig portionsweise ins siedende Wasser pressen (je höher man die Presse über den Topf hält, umso dünner werden die Spätzle). Die Spätzle sind fertig, wenn sie oben schwimmen und das Wasser wieder richtig siedet, dann entweder abtropfen lassen und direkt servieren oder in kaltem Wasser abschrecken, gut abtropfen lassen und nochmals erhitzen
3 gelbe Rüben	
3 rote (orange) Karotten	
3 (violette) Urmöhren	waschen, schälen und längs halbieren
100 g Butter	in einer Pfanne zergehen lassen und die Möhren langsam unter Schwenken garen, sie sollen noch Biss haben
1 TL schwarzer Sesam	mitrösten
Salz	würzen, mit den Spätzle servieren

Gemüsestrudel

Strudel mache ich einfach ausgesprochen gern, sagt Renate, der gehört zu meinen Klassikern! Es gibt ihn mit Äpfeln, Kartoffeln, Kraut oder eben wie hier mit buntem Gemüse, das stimmt einen heiter im Winter und sieht mit einer Spinatsauce besonders schön aus. Strudelteig ziehen ist gar nicht schwer, es braucht nur ein wenig Übung.

4 BIS 6 PORTIONEN | VEGAN

120 ml warmes Wasser
1½ EL Öl (Sorte nach Geschmack)
1½ EL Essig oder Zitronensaft
1 Prise Salz .... in einer Schüssel mischen
220 g Mehl Typ 550 .... nach und nach einarbeiten, zuerst mit einem Holzlöffel, dann mit den Händen 10 Minuten kräftig zu einem glatten Teig kneten und dabei immer wieder auf die Arbeitsfläche schlagen, der Teig soll noch feucht, aber nicht klebrig sein, mit etwas Öl bestreichen, abdecken und 1 Stunde bei Zimmertemperatur ruhen lassen

800 g buntes Gemüse wie Brokkoli, Blumenkohl, violette Urmöhren, Karotten .... waschen, putzen und in große Stücke schneiden, alles außer dem Brokkoli kurz dämpfen
2 blaue Kartoffeln .... kochen und in große Stücke schneiden
80 g Margarine, vegan .... zerlassen und die Hälfte davon mit dem Gemüse mischen
Salz
Pfeffer
Muskatnuss, gerieben .... würzen

Ein Blech mit Backpapier auslegen und bereitstellen, Ofen auf 180 °C vorheizen. Strudelteig auf einer bemehlten Arbeitsfläche backblechgroß ausrollen, dabei immer wieder leicht bemehlen, dann auf einem Tuch mit den bemehlten Handrücken von innen nach außen weiter ausziehen, bis er transparent ist, dicke Ränder abschneiden. Den Teig zur Hälfte mit Margarine bestreichen.

80 g feine Semmelbrösel .... auf die andere Hälfte des Teigs streuen und darauf das Gemüse verteilen, die Ränder frei lassen. Mit Hilfe des Tuchs den Strudel von der Gemüseseite her auf- und mit der Naht nach unten auf das Backblech rollen, mit der restlichen Margarine bestreichen und 45 Minuten backen, dann 10 Minuten auskühlen lassen und servieren

Sauerteig-Pizza

Der Sauerteig, auch Mutterteig genannt, sorgt für einen deutlich kräftiger schmeckenden Pizzaboden. Er erfordert anfangs etwas Geduld, doch das Ergebnis entschädigt dafür allemal – wer seinen Teig pflegt, kann jederzeit mit dem Backen loslegen. Also, aufgepasst: die Vorbereitung für den Teig dauert gute zwei Wochen! Danach geht es wie bei jeder anderen Pizza um den Belag – außer dass diese auch am nächsten Tag noch sehr lecker schmeckt, also gleich etwas mehr davon backen.

4 BIS 6 PORTIONEN | VEGETARISCH

FÜR DEN MUTTERTEIG

TAG 1

50 g Weizenmehl Typ 550 .... (immer das gleiche Mehl verwenden)
50 ml Wasser .... gut vermischen und in der Küche mit einem Tuch bedeckt 24 Stunden stehen lassen

TAG 2

50 g Teig vom Vortag
(den Rest benötigen wir nicht)
50 g Weizenmehl
50 ml Wasser .... wiederum gut vermischen und erneut 24 Stunden ruhen lassen

TAG 3

50 g Teig vom Vortag
50 g Weizenmehl
50 ml Wasser .... und nochmal das gleiche Spiel ... den Teig immer wieder auf die gleiche Weise auffrischen, irgendwann sind dann kleine Bläschen zu beobachten: der Reifeprozess hat begonnen, es ist ein Sauerteig entstanden, der nun etwa 8 Stunden nach dem Auffrischen aufgehen und angenehm leicht säuerlich riechen sollte. Sobald das der Fall ist, lagert man ihn noch 10 bis 12 Tage im Kühlschrank zum Reifen. Er arbeitet dort weiter, aber in Zeitlupe. Das ist der Mutterteig, von dem immer 200 bis 300 Gramm im Kühlschrank bereitstehen. Sollte man ihn eine Zeitlang vergessen, ist das nicht schlimm, einfach wieder mit Wasser und Mehl auffrischen, 12 Stunden später kann er wieder weiterverarbeitet werden.

FÜR DEN PIZZATEIG

TEIGANSATZ

20 g Mutterteig
(Rest in den Kühlschrank)
45 ml Wasser
50 g Mehl .... alles gut vermischen und mit einem Tuch bedeckt über Nacht ruhen lassen

HAUPTTEIG

500 g Mehl
280 ml Wasser .... Mehl und Wasser zum Teigansatz geben und zu einem glatten, nicht zu festen Teig mischen (evtl. mehr Wasser zugeben). In einer Schüssel über Nacht im Kühlschrank ruhen lassen

10 g Salz .... am nächsten Tag dazugeben und den Teig falten, um die Struktur zu stärken – man zieht ihn leicht auseinander und klappt ihn wieder aufeinander, das tut man mehrmals von allen Seiten. Zum Schluss sollten die Enden auf der Unterseite sein und die Oberfläche ziemlich glatt, dann nochmals 8 Stunden abgedeckt bei Zimmertemperatur ruhen lassen – danach sollte er etwa doppelt so groß sein. Dann mit nassen Händen als Pizzaboden auf ein leicht geöltes Backblech drücken und nochmals 1 Stunde ruhen lassen. Wie schon gesagt: Geduld ist gefragt! Dann endlich: den Ofen auf 220 °C vorheizen.

FÜR DEN BELAG

1 kleine Dose gehackte Tomaten
5 EL Tomatenmark .... mischen

1 Zwiebel
3 Knoblauchzehen .... schälen, fein würfeln, zu den Tomaten geben

Salz
Pfeffer .... abschmecken, auf dem Teig verteilen

2 Bälle Mozzarella .... in Würfel schneiden, etwas abtropfen lassen, auf der Pizza verteilen

Gemüse nach Gusto .... ebenfalls verteilen

Zwiebel und Knoblauch .... nach Belieben in Scheiben

Pfeffer
Oregano
Olivenöl .... alles mit etwas Öl mischen und auf der Pizza verteilen – die Scheunenwirtin nutzt hier ihr selbstgemachtes Kräutersalz – und etwa 30 Minuten backen

Eier im Teig

Frische Eier vom eigenen Hof, das ist wahrer Luxus – ein Hoch auf Oma Lore, die sich um die Hühner kümmert! Eierspeisen sind bei uns heiß begehrt, selbst wenn sie noch so einfach sind. In dieser etwas aufwendigeren Form bilden sie mit einem Salat eine kleine Mahlzeit oder machen das Sonntagsfrühstück zum Brunch. Bis auf das Ei kann alles am Vorabend vorbereitet werden, einfach im Kühlschrank die gefüllte Muffinform bereitstellen und am Morgen die Eier hineinschlagen.

6 PORTIONEN | VEGETARISCH

1 TL Butter .... die Mulden einer 6er-Muffin-Form einfetten, den Ofen auf 180 °C vorheizen

1 Rolle fertiger Blätterteig (sofern man ihn nicht selber macht) .... ausrollen, mit einer Tasse etwa 9 cm große Kreise ausstechen und in die Mulden legen

150 g Sauerrahm
150 g Crème fraîche
1 Ei .... glatt rühren

Salz
Pfeffer
Thymian oder Schnittlauch .... würzen, jeweils einen guten Esslöffel davon in die Mulden geben

6 frische Bio-Eier .... in die Mulden schlagen, 15 Minuten backen

Rote Bete küsst Kartoffel

Oft sind es die einfachen Rezepte, die uns besonders glücklich machen. Abends auf der Couch, mit einem Glas heißem Sauerkirsch-Früchtetee und eingemummelt in eine warme Decke, schmeckt so ein Bete-Kartoffelstampf fantastisch – aber zu einem Sauerbraten passt er auch.

4 PORTIONEN | VEGETARISCH

400 g Kartoffeln, festkochend	waschen und in einem Topf mit Wasser bedeckt weich kochen, unter kaltem Wasser abschrecken und pellen, mit einem Kartoffelstampfer zerdrücken
1 große Rote Bete	waschen
2 Nelken	
1 Lorbeerblatt	
3 Pimentkörner	parallel mit Wasser bedeckt in einem Topf weich kochen, Bete (und Kartoffeln) sind fertig, wenn sie sich leicht mit einem kleinen Messer oder Spieß einstechen lassen. Kalt abschrecken und pellen – wer die roten Finger scheut, zieht dafür Handschuhe an – ebenfalls mit dem Kartoffelstampfer bearbeiten (alternativ: Rote Bete würfeln)
100 g Butter, zerlassen	roten und gelben Stampf (oder Kartoffelstampf und Rote-Bete-Würfel) mit der Butter vermengen
Salz	
Pfeffer	würzen

Ofen-Topinambur

Topinambur ist ein erstaunliches Gewächs. Weil diese Sonnenblumenart keine besonderen Anforderungen an den Boden stellt, lässt sie sich an fast jedem sonnigen Plätzchen kultivieren. Die leuchtenden Blüten und schmackhaften Knollen lassen sich dazu auf einfachste Weise zubereiten, als Beilage oder einfach so. Wir geben hier wie bei allen Knollengemüsen beim Garen kein Salz dazu, sie werden sonst trocken.

4 BIS 6 PORTIONEN | VEGETARISCH | GLUTENFREI

1 bis 1,5 kg Topinambur	mit Wasser sauber bürsten
2 EL Öl	mit den Topinambur in einen Bräter geben, bei geschlossenem Deckel 30 Minuten bei 175 °C im Ofen garen, dann heiß zerdrücken oder aufschneiden, anrichten
100 g Butter	in Flocken darauf verteilen
Meersalzflocken	darüberstreuen

Sauerbraten vom Limpurger Rind

Das ist Oma Lores Lieblingsgericht und ein echtes Festtagsessen, das richtig gutes Fleisch verdient. Limpurger sind die älteste Hausrinderrasse Württembergs und besonders angepasst an die Landschaft. In anderen Gegenden sollte man nach entsprechenden regionalen Rassen suchen, viele sind wie die Limpurger Passagiere der Slow-Food-Arche, die sich um den Erhalt dieser Vielfalt kümmert.

4 BIS 6 PORTIONEN | GLUTENFREI

1 kg Semerrolle (Schwanzstück) vom Limpurger Rind	waschen und in einen Bräter legen
1 Möhre *1 Zwiebel* *¼ Stange Lauch* *¼ Sellerieknolle*	Gemüse waschen, putzen, schälen, würfeln und zum Fleisch geben
3 Lorbeerblätter *1 TL Senfkörner* *5 Nelken* *1 TL bunter Pfeffer* *1 TL Koriandersamen* *7 Pimentkörner* *5 Wacholderbeeren*	Gewürze im Mörser andrücken
250 ml trockener Rotwein (und zwar guter Wein!) *250 ml Rotweinessig*	alles zum Fleisch geben und zugedeckt im Kühlschrank 3 bis 4 Tage marinieren, dann das Fleisch herausnehmen, trocken tupfen, Marinade und Gemüse getrennt aufheben, Bräter nicht spülen! Ofen auf 160 °C vorheizen. Eine Pfanne erhitzen, das Fleisch hineinlegen, erst dann
2 EL Öl	zugeben (so vermeidet man Fettspritzer) und von allen Seiten scharf anbraten
Salz *Pfeffer*	würzen und Fleisch wieder in den Bräter legen, nun das Gemüse in der Pfanne anrösten
3 EL Tomatenmark *2 EL Hagebuttenmark oder Preiselbeeren*	zugeben, das Gemüse karamellisieren, mit etwas Marinade ablöschen und zum Fleisch geben

ca. 500 ml Bratenfond	Marinade mit derselben Menge Fond auffüllen und von diesem Gemisch so viel in den Bräter geben, dass das Fleisch zu zwei Dritteln bedeckt ist. Deckel aufsetzen und ca. 2 Stunden im Ofen schmoren, dabei ggf. Flüssigkeit nachgießen, damit das Fleisch immer zu zwei Dritteln bedeckt ist. Dann das Fleisch herausnehmen und warm stellen, die Sauce mit dem Gemüse aufmixen, durch ein Sieb passieren
100 ml Sahne	zugeben
Salz	
Pfeffer	abschmecken, das Fleisch aufschneiden
4 TL Hagebuttenmark oder Preiselbeeren	mit der Sauce zum Fleisch servieren

Schupfnudeln

Diese länglich gerollten Kartoffelnocken werden im Schwäbischen aus naheliegenden Gründen auch Buabespitzle genannt. Mit gekochtem Sauerkraut gebraten wird daraus ein vollständiges Gericht.

4 BIS 6 PORTIONEN | VEGETARISCH

500 g gekochte Kartoffeln vom Vortag	durch eine Kartoffelpresse drücken
500 g Mehl Typ 405 *1 Ei* *2 TL Salz* *1 Prise Muskatnuss, gerieben*	zugeben und zu einem Teig verkneten, auf einer bemehlten Arbeitsfläche zu einer Rolle formen, in Gnocchi-große Stücke schneiden und mit der Hand längliche, an den Enden dünnere Schupfnudeln rollen, in einem großen Topf reichlich Salzwasser zum Kochen bringen, die Schupfnudeln darin so lange sieden lassen, bis sie nach oben steigen. In kaltem Wasser abschrecken
etwas Öl	die abgetropften Schupfnudeln ganz leicht ölen, damit sie nicht zusammenkleben
3 EL Butter	zum Servieren die Schupfnudeln in einer Pfanne goldgelb anbraten

Gefüllter Lammbauch

Lämmer, Schafe und Schäfer stellen sicher, dass die Alb nicht zuwächst, eine historische, symbiotische Beziehung. Der Lammbauch zählt nicht gerade zu den edelsten Teilen des Tieres und wird vom Metzger meistens zu Wurst verarbeitet. Dabei lässt sich daraus ein großartiges Gericht zaubern, das nicht nur warm, sondern auch kalt aufgeschnitten mit etwas Essig und Öl eine sehr schöne Vorspeise ergibt. Wacholder als Gewürz betont seine Herkunft.

4 BIS 6 PORTIONEN

1 Lammbauchseite mit Knochen ... die Rippenknochen vom Metzger aus dem Bauchfleisch herauslösen und hacken lassen

FÜR DEN FOND

1 EL Öl ... in einem Topf erhitzen, Knochen anrösten
2 Karotten
¼ Sellerieknolle ... bürsten, waschen und grob würfeln
4 Schalotten
1 Knoblauchzehe ... schälen und halbieren, alles zu den Knochen geben und mitrösten
4 EL Tomatenmark
1 EL Hagebuttenmark ... dazugeben und alles karamellisieren
1 EL Salz
3 Lorbeerblätter
7 Wacholderbeeren ... dazugeben
500 ml trockener Rotwein oder alternativ Malzbier ... ablöschen, 1 Stunde köcheln, dann durch ein Sieb passieren, beiseitestellen

FÜR DEN BRATEN

1 Stängel Rosmarin ... Nadeln grob gehackt
Salz
2 EL grüner Pfeffer ... das Bauchfleisch flach auslegen und mit dem Messer auf der Innenseite kreuzweise einritzen, dann großzügig Salz und Gewürze einmassieren, mit einem sauberen Tuch abdecken und mit dem Fleischklopfer beherzt bearbeiten, den Ofen auf 160 °C vorheizen
5 alte Wecken oder
250 g Knödelbrot ... würfeln
1 Handvoll frische Majoranblätter ... dazugeben
3 Schalotten ... schälen und fein würfeln
50 g Butter ... in einem Topf glasig dünsten
250 ml Milch ... dazugeben, einmal aufkochen

Salz	
Pfeffer	
Muskatnuss, gerieben	würzen und über die Brötchen geben, etwas abkühlen lassen
2 bis 3 Eier	trennen, Eigelb zur Brotmasse geben, vermischen, dann Eiweiß steif schlagen und vorsichtig unterheben. Das Fleisch zu zwei Dritteln mit der Brotmasse bestreichen, den Bauch einrollen und mit Bratenschnur binden, in einen Bräter legen
500 ml Bratenfond	zusammen mit dem Lammfond über das Fleisch gießen, abdecken und ca. 2 Stunden schmoren, dabei den Fond immer wieder mit heißem Wasser auffüllen, damit das Fleisch nicht austrocknet. Dann das Fleisch aus dem Bräter nehmen, den Ofen auf 200 °C aufheizen. Die Sauce durch ein Sieb in einen hohen Becher passieren. Den Lammbauch entschnüren, zurück in den Bräter geben und 10 bis 15 Minuten knusprig backen. Währenddessen das Fett von der Sauce abgießen, eventuell nachwürzen und die Sauce über den in Scheiben geschnittenen Lammbauch gießen.

SCHÄFERINNEN, SCHAFE UND WACHOLDERHEIDEN

So »richtige« Schäfer, mit weitem Umhang und Stock, die mit ihren Tieren von einer Weide zur anderen ziehen – gibt es die überhaupt noch? Ja – und zwar auf der Alb. In der rauen Landschaft war der Ackerbau schon immer mühsam, und die Wanderschäferei hat hier eine jahrhundertewährende Tradition. Dabei waren und sind die Tiere nicht nur Milch-, Fleisch- und Wolllieferanten, sie tragen auch zum Erhalt der typischen offenen Landschaft bei. Die Wacholderheiden sind das Ergebnis jahrhundertelanger Beweidung und als Kalkmagerrasen sehr wichtige und artenreiche Biotope. Zum nachhaltigen Scheunenwirtin-Universum gehört deshalb ganz selbstverständlich auch Lammfleisch von den Wanderschäfern der Alb wie etwa Karin Wiedenmann.

Die stämmige, lebhafte Endfünfzigerin führt die Nattheimer Stadtschäferei in der sechsten Generation. Das Fleisch ihrer Merino-Schafe schmeckt ganz fein und zart nach all den vielen Gräsern und Kräutern, die auf der Alb wachsen. Diese Rasse ist typisch für den süddeutschen Raum, weil es robuste und marschfähige Tiere sind; darauf kommt es an, wenn man viel zieht und im Winter draußen ist.

Die Wolle dient den Tieren als Witterungsschutz, fand aber in der Neuzeit bis vor kurzem keinen Absatz. Jetzt flackert durch junge Unternehmen, die ganz bewusst nach guter Ware aus der Region suchen, wieder etwas auf. Wiedenmann liebt es, wenn die Schafscherer auf den Hof kommen: »Das ist für mich wie Ostern und Weihnachten in einem, das Geräusch der Schermaschine wie Formel 1, wenn die Wolle dann so ganz weiß auf den Boden fällt!« Unabhängig vom Marktpreis achtet sie auf beste Qualität: das Nachtlager der Schafe muss frei von Kletten sein und auch der Zuchtbock soll dementsprechend eine gute Veranlagung mitbringen. »Das ist wie mit dem Wald«, erklärt sie, »man muss auch dann investieren, wenn der Holzpreis gerade niedrig ist, sonst lässt sich nichts ernten, wenn er wieder steigt – bis eine Herde eine einheitliche und gute Wollqualität hat, dauert das zehn bis zwölf Jahre.«

Ihren Lebensunterhalt bestreiten Schäfersleute wie Wiedenmann heute von der Landschaftspflege. »Wir beweiden seit 100 Jahren die Wacholderweiden in Nattheim, seit über 50 Jahren die in Heidenheim und seit 30 Jahren sind wir mit den Tieren in Dischingen.« Bis vor 40 Jahren sei der Vater Anfang November über viel weitere Strecken gezogen, bis über den Rhein nach Karlsruhe, wo es milder war, und erst Anfang Mai wieder nach Hause gekommen. Heute bauen sie auf 60 Hektar Grünland und 15 Hektar Acker Futter für den Winter an, mit dem eigenen Mist als Dünger, weil viele Winterweiden durch Verbauung, Verkehr und Umstrukturierung der Landwirtschaft verloren gegangen sind. Trotzdem ziehen sie weiterhin auf eine Winterweide im Kochertal, und der Stolz auf das Fortführen der Familientradition ist Wiedenmann mit jedem Wort und jeder Geste anzumerken.

Hüteschäferei, das wird im Gespräch mit ihr ganz deutlich, ist eher Berufung als Job, man ist Landwirt, Tierarzt und Metzger in einem, und mit Hunden muss man auch umgehen können: »Die Leute meinen immer, der Schäfer steht nur draußen und lehnt sich faul auf seine Schäferschippe, aber wir beobachten jedes einzelne Tier, wie fressen die Schafe, wie trinken die Lämmer.« Das sei das Wichtigste, »ein Auge fürs Vieh, das kann man nicht aus Büchern lernen, es muss einem spielerisch von

Kerstin, die Tochter von Karin Wiedenmann

der Hand gehen.« Auf den Wacholderheiden muss die Herde jede Nacht frisch eingezäunt werden, das ist wichtig, damit die magere Struktur erhalten bleibt und nicht überdüngt wird. »Die Tiere fressen dann auch nicht mehr, sie sind Feinschmecker. Schafgarbe, Wiesensalbei oder Brennnessel, das ist für sie wie Arznei, wenn sie es brauchen, suchen sie gezielt danach.«

Karin Wiedenmann betreibt die Schäferei mit ihrer Tochter Kerstin, für die es beruflich immer nur die Schäferei gegeben habe – »mittlerweile etablieren sich die Frauen!«. Jeder Zweifel daran ist sofort ausgeräumt, wenn man Karin Wiedenmann mit ihren Schafen beobachtet. In Jeans und Stiefeln, die Ledertasche umgehängt, den Stock fest in der Hand, läuft sie am Kopf der Herde, ihre kurzen Befehle klingen ruhig und bestimmt über das lebhafte vielstimmige Mähmähmäh hinweg, auch die im Zwinger auf dem Hof gerade noch aufgeregt bellenden Hunde sind nun in ihrem Element. Wiedenmann ist von einem tiefen Respekt für die Natur geprägt: »Man macht einen groben Plan, schaut dann aber jeden Morgen zum Himmel auf, um zu entscheiden, wie hüten wir heute, geht es ans Wasser oder in den Schatten? Und diese Freude, wenn im Frühjahr alles wieder zum Leben erwacht, wenn man den ersten Schmetterling sieht, die ersten Waldblumen, all die Farben, all die Tiere ...«

Karin Wiedenmann hat ursprünglich Metzgereiverkäuferin gelernt, ist dann in die Optikbranche gewechselt, bis sie merkte, dass sie dort einfach nicht zuhause war: »Für mich ist die Schäferei der Himmel. Die Eltern hatten von den Großeltern 80 Tiere bekommen und haben damit den Betrieb aufgebaut. Wir drei Kinder sind hineingewachsen, haben Verantwortung übertragen bekommen. Sie haben uns zugetraut, von morgens bis abends mit den Schafen allein unterwegs zu sein.« Den Familienbetrieb führte ihr Vater mit Sohn Werner. Als Karins Vater im Alter von 65 Jahren verstarb und 5 Jahre später ihr Bruder tödlich verunglückte, trat sie an seine Stelle, weil es weitergehen musste. Die Tiere zu verkaufen, das kam nicht in Frage. »Reich werden wir sicher nie«, sagt sie, »aber darum geht es nicht, wir müssen nur so viel herauswirtschaften, dass wir die notwendigen Investitionen tätigen und uns ein bisschen Lebenskomfort leisten können.«

Traditionell mussten die Schäfer mit den Einnahmen aus dem Verkauf der Wolle im Mai und der Lämmer im Herbst über die Runden kommen, und es ging immer knapp zu. Die Großmutter habe einmal im Sommer fünf Mark als Darlehen aufgenommen, um Zucker zu kaufen und Beeren einzukochen; der Großvater sei entsetzt gewesen, doch sie habe gesagt, »die Beeren gibt es nur jetzt, und wenn ich nichts einkoche, dann habt ihr nichts aufs Brot.«

Ihrer Enkelin machen andere Gedanken zu schaffen: »Wenn die Landwirtschaft immer weiter stirbt, dann brauchen wir auch ein ganz anderes Schulsystem, mit Gärten, damit die Kinder lernen, wie Tomaten wachsen, in trockenen Jahren, in nassen, damit sie die Wertschätzung für die Produktion lernen, sonst macht uns der Wohlstand kaputt und frisst unsere Seele auf.«

Die Seele ein wenig pflegen kann man bei einer Wanderung auf dem Albschäferweg. Der 158 km lange Rundweg führt auf wenig gepflasterten Pfaden durch die unterschiedlichsten und sehr besonderen Landschaften rund um Heidenheim. Und vielleicht sieht man dann auch eine »richtige« Schäferin. »Wer draußen den Kontakt zu uns sucht«, sagt Karin Wiedenmann, »vor allem an Tagen mit richtig wüstem Wetter, der ist nicht nur uns, sondern auch der Natur besonders verbunden!«

Bauernente mit Schoko, Kirschen und Chili

Die gibt es bei der Scheunenwirtin zur Weihnachtszeit. Die klassische Entensauce war mir immer zu fett, erklärt Renate diese ungewöhnliche Kombination. Das Fruchtige der Kirschen, die leichte Schärfe der Chili und der herbe Touch der dunklen Schokolade hingegen ergeben eine Kombination, die leicht wirkt und trotzdem wärmt, wenn es draußen kalt ist. Schupfnudeln passen großartig dazu, und noch ein Geheimtipp: die Zwiebel aus der Ente im Mixer pürieren und als Zwiebelmarmelade mit anrichten.

4 BIS 6 PORTIONEN | GLUTENFREI

3 EL Öl	Backofen auf 200 °C vorheizen, einen Bräter mit dem Öl einpinseln
1 frische Bauernente (ca. 2 kg)	Federkiele herauszupfen und die Ente innen und außen kalt abspülen, trocken tupfen
Salz	innen und außen salzen, in den Bräter legen
3 Zwiebeln	schälen
3 Stängel frischer Majoran	
3 Äpfel	waschen, Majoran und 1 Zwiebel und 1 Apfel in die Ente drücken
2 Tomaten	waschen, mit den restlichen Äpfeln und Zwiebeln grob würfeln, um die Ente verteilen
3 Lorbeerblätter	
7 Pimentkörner	
3 Nelken	ebenfalls zugeben, den Bräter mit einem Deckel oder mit Alufolie verschließen, und die Ente 30 Minuten im Ofen vorgaren, dann die Temperatur auf 180 °C reduzieren
500 ml Wasser	über Gemüse und Ente gießen, weitere 60 Minuten ohne Deckel oder Folie braten, dabei immer wieder mit Fond übergießen, dann wieder abdecken und nochmals 20 Minuten weiter garen – wenn sich das Schlegelfleisch leicht mit einer Gabel ablösen lässt, ist die Ente fertig. Die Ente herausnehmen und den Fond durch ein Sieb in einen hohen Becher schütten, so dass sich das Fett oben absetzt und abschöpfen lässt. Die Ente mit der Geflügelschere halbieren, Knochen entfernen und das Entenfleisch auf einem Backblech unter dem Backofengrill ca. 10 Minuten knusprig backen.
100 g Schattenmorellen	
(TK oder aus dem Glas)	mit der entfetteten Entensauce im Mixer pürieren und in einen Topf geben
1 kleine rote Chili	waschen, putzen und hacken
50 g dunkle (hochwertige!)	
Schokolade 70 %	hacken und beides kurz vor dem Anrichten in die Sauce einrühren
Salz	abschmecken, Sauce mit der Ente servieren

Pfitzauf

Ein wirklich durch und durch schwäbisches Rezept: wenig Aufwand, große Wirkung! Wichtig dabei: die Formen oder Tassen vorher sehr gut einfetten. Pfitzauf isst man traditionell mit zwei Gabeln, mit denen man die Pfitzauf »zerrupft«. Dazu passt eingemachtes Obst, etwa Sauerkirschen oder Birnen.

6 PORTIONEN | VEGETARISCH

etwas weiche Butter	6 Pfitzaufförmchen (ersatzweise ofenfeste, hohe Tassen) gut einfetten, den Backofen auf 180 °C vorheizen
250 g Mehl Typ 405 *500 ml Milch* *4 Eier* *½ TL Salz*	in einer Schüssel mit dem Schneebesen zu einem glatten Teig mischen
2 EL zerlassene Butter	unterrühren, die Förmchen bis zur Hälfte mit der Masse füllen (sie geht beim Backen um mehr als das Doppelte auf), ca. 50 Minuten hellbraun backen (während des Backens die Ofentür nicht öffnen, sonst sacken die Pfitzauf zusammen), dann noch 5 bis 10 Minuten im ausgeschalteten Ofen ruhen lassen. Nach dem Backen aus den Formen lösen.
Puderzucker	bestäuben

Bratäpfel mit Eierlikör

Bratäpfel, erzählt Renate, verbinde ich sofort mit Familie, sie erinnern mich an meine Kindheit. Wir hatten früher einen Kachelofen mit einem Bratrohr, in dem wurden die Äpfel gebacken. Der ganze Raum war dann voller Duft und Wärme; wunderbar gemütliche Momente.

4 PORTIONEN | GLUTENFREI | VEGETARISCH

FÜR DEN EIERLIKÖR

8 Eigelb
250 ml Sahne
250 ml Korn
200 g Zucker
Mark von 1 Vanilleschote .... alles in einer Metallschüssel mischen und über heißem Wasser (oder in einem Wasserbad-Topf) rühren, bis das Ei bindet, die Masse also etwas dickflüssig wird

FÜR DIE BRATÄPFEL

4 säuerliche Äpfel .... waschen und Kerngehäuse ausstechen, Ofen auf 200 °C vorheizen
100 g Walnusskerne .... die eine Hälfte im Mixer pürieren, die andere grob hacken
1 TL Zimt
50 g Zucker
2 EL Rosinen
3 EL Cognac
2 EL Preiselbeeren .... mit den Nüssen mischen und in die Äpfel stopfen, in eine ofenfeste Form setzen
50 g Butter .... als Flocken auf die Äpfel setzen, im Ofen (oder Ofenrohr) backen, bis die Äpfel aufplatzen, mit dem Eierlikör genießen

Bananen-Schoko-Cookies

Ganz einfach, wirklich superschnell gemacht – und ganz lecker. Das einzig Wichtige dabei ist eine wirklich reife Banane, die sich gut mit der Gabel zerdrücken lässt. Statt der Schokodrops kann man dunkle Schokolade mit dem Messer klein hacken.

12 STÜCK | VEGAN | GLUTENFREI

1 reife Banane .... in einer Schüssel mit der Gabel zerdrücken, den Backofen auf 180 °C vorheizen

120 g Haferflocken, glutenfrei
1 TL Backpulver
1 TL Vanillezucker
½ TL Salz
¼ TL Zimt
140 g feine Erdnussbutter
40 g Agavendicksaft
50 g Rosinen
50 g Zartbitterschokodrops
2 EL Kürbiskerne
4 EL gehobelte Mandeln .... alles zur Banane geben, gut mischen, 12 Kugeln formen und auf einem mit Backpapier ausgelegten Blech flach drücken, 12 Minuten goldgelb backen

Brownies mit Tahini

Die Kombination von feuchtem, dunklem Schokoteig, Sesamaroma und Topping ist geradezu gefährlich verführerisch. In »normaler« Größe sind diese Brownies richtiges Powerfood, in kleinen Würfeln die perfekte Begleitung zum Espresso.

VEGETARISCH | GLUTENFREI

185 g Tahini	
50 g Kokosöl	
75 g Kokosblütenzucker	
2 Eier	
1 TL Vanillezucker	in einer Schüssel verrühren, den Backofen auf 180 °C vorheizen
25 g Buchweizenmehl	
½ TL Backpulver	
70g Kakaopulver	
60 ml Mandelmilch	
1 Prise Salz	dazugeben, zu einem Teig rühren und in eine flache Form (25 × 25 cm) streichen, 20 bis 25 Minuten backen, auskühlen lassen und in Quadrate schneiden
85 g dunkle Schokolade	sehr fein hacken
60 ml Kokosmilch	
1 EL Kokosöl	erhitzen, Schokolade zugeben und rühren, bis sie kalt ist, die Brownies damit bestreichen
60 g Haselnüsse	hacken
6 Datteln	entkernen und klein schneiden
40 g dunkle Schokolade	hacken, alles über die Brownies streuen

Lores Blütenkugeln

Energy Balls, Kraftbälle – mit Oma Lores getrockneten Blüten oder selbst gesammelten oder gekauften wird daraus etwas ganz Besonderes. Die Blütenkugeln machen sich besonders gut auf einem Dessertbüfett. Passen aber auch zu einer Tasse Kräutertee an einem Winternachmittag, sind ein kleines Extra in der Pausenbrotdose oder ein Energiekick auf einer Wanderung.

25 KUGELN | VEGAN | GLUTENFREI

100 g Erdnüsse
100 g Cashewkerne
100 g Datteln, entsteint .... alles grob hacken
2 EL Kakaopulver
100 g Erdnussbutter
1 Prise Salz
Mark einer Vanilleschote .... alle Zutaten vermengen
3-4 EL Wasser .... nach und nach zugeben, die Masse sollte nicht zu weich sein
10 g getrocknete Rosenblätter
oder eine Blütenmischung .... 25 Kugeln formen und in den Blüten wälzen

Erdnuss-Cookies

Cookies sind Kekse auf amerikanische Art, bei denen die Süße typischerweise mit etwas Salz kombiniert wird. Wieder ein Beispiel dafür, wie Birte in ihrer Backstube oft mit Zutaten experimentiert, die »zufällig« da sind, in diesem Fall waren es gesalzene Erdnüsse.

25 STÜCK | VEGAN

160 g Dinkelmehl Typ 630
200 g Rohrzucker
1 ½ TL Natron
¼ TL Salz .... in einer Schüssel mischen. Backofen auf 180 °C vorheizen
290 g Erdnussmus, crunchy
50 ml Pflanzendrink
(z.B. Hafer) .... zugeben und zu einem Teig mischen, daraus 25 Kugeln formen
100 g Erdnüsse, gesalzen .... auf einen Teller schütten, die Teigkugeln darin flach drücken, auf ein mit Backpapier ausgelegtes Blech setzen und 15 Minuten goldgelb backen

Hagebutten-Tarte

Hagebutten, auf Schwäbisch Hägen, machen viel Mühe. Erst zerkratzen einem die Dornen der Rosen beim Sammeln die Finger, dann muss jede Häge einzeln aufgeschnitten werden. Wenn die Früchte endlich weich sind - und das dauert! -, müssen sie mehrfach passiert werden, bis zu guter Letzt das Mark mit Zucker erhitzt wird. Aber das Ergebnis ist köstlich, Hagebuttenmark enthält viel gesundes Vitamin C - und man kann es auch fertig kaufen!

VEGETARISCH

FÜR DEN TEIG

250 g Weizenmehl	
125 g gemahlene Haselnüsse	
1 EL Backpulver	
1 TL Zimt	
1 Messerspitze Nelke, gemahlen	in einer Schüssel mischen, den Ofen auf 200 °C vorheizen
1 Ei	
100 g kalte Butter, gewürfelt	
1 EL Kirschwasser	
1 EL Sahne	
125 g Rohrzucker	zugeben und schnell und locker zu einem Teig verkneten
1 TL Öl	eine Tarte-Form (rechteckig 35 × 15 cm oder rund 25 cm ⌀) einfetten, zwei Drittel des Teiges als Boden und Rand in die Form drücken

FÜR DIE FÜLLUNG

300 g Hagebuttenmark	etwa 10 Minuten köcheln, etwas abkühlen lassen, dann auf dem Teig verstreichen, den restlichen Teig auf einer leicht bemehlten Arbeitsfläche 5 mm dick ausrollen, mit einem gewellten Teigrad 1 ½ cm breite Streifen schneiden, diese als Gitter auf dem Mark anordnen und an den Rand drücken. Die Tarte 40 Minuten backen – sie schmeckt am nächsten Tag noch viel besser.

Hefezopf

Schmeckt immer und kommt traditionell am Sonntagmorgen – wenn der Bäcker seinen wohlverdienten Ruhetag hatte – auf den Frühstückstisch. Renate sagt: »Den besten Hefezopf hat meine Tante Rosa immer gemacht, saftig und doch nicht schwer.« Es gehört aber hochwertiges Mehl dazu.

4 BIS 6 PORTIONEN | VEGETARISCH

20 g frische Hefe
1 Ei
75 g weiche Butter
250 ml Milch, lauwarm .... in einer großen Schüssel gut verquirlen
1 ½ TL Meersalz
75 g Zucker
500 g Mehl (Type 550) .... unterrühren und zu einem geschmeidigen Teig kneten, dann die Schüssel mit einem feuchten Geschirrtuch abdecken und bei Zimmertemperatur 1 Stunde gehen lassen. Danach den Teig auf einer leicht bemehlten Arbeitsfläche durchkneten, dritteln, zu drei Strängen rollen und sehr locker flechten. Den Zopf auf ein mit Backpapier ausgelegtes Backblech legen und zugedeckt nochmals 30 Minuten gehen lassen, den Ofen auf 180 °C vorheizen
1 Ei
2 EL Wasser .... verquirlen, den Zopf damit bestreichen
2 EL Hagelzucker .... darüberstreuen, 60 Minuten goldbraun backen

Das Team der Scheunenwirtin

Rezepte

Frühling

Sommer

Herbst

Winter

Register

L

M

N

O

P

Q

R

S

Dieses Buch wurde klimaneutral produziert.

PARTNER
Naturpark
Nossentiner / Schwinzer Heide
www.optimal-media.com/naturschutzprojekt-001

Erste Auflage 2022

Fotos: Matthias Haupt/matthiashaupt.de
Die Fotos auf den Seiten 94 und 97 sind von Adelheid Schultheiß
Druck: optimal media GmbH, Röbel/Müritz
Printed in Germany
ISBN 978-3-458-64347-0

www.insel-verlag.de